ぶっちゃけ相続

お金の不安が消える
エンディングノート

円満相続税理士法人代表 橘 慶太

ダイヤモンド社

はじめに

あなたと家族を一生守るノート

　私は相続専門の税理士として、これまで5000人以上の方から相続の相談を受け、500を超える相続手続のサポートを行ってきました。その中には、体調が悪くなる前にきちんと終活をし、遺される家族にできるだけ負担をかけないよう努力した方もいれば、「自分が死んだ後のことは知らん」と、結局何も準備しなかった方もいます。

　人生の終わりに向けた準備、「終活」は単なる形式的な作業ではなく、**あなた自身の安心感と愛する家族への想いを込めた重要なプロセス**です。特に「お金」に関する問題は、多くの方々が抱える大きな不安の一つです。

もし90歳まで生きるなら、お金はいくら必要？

　総務省統計局の2023年の調査によれば、老後1か月の生活費は、60代の世帯で約30万円、70代以上の世帯で約25万円かかると言われています。1年間で考えると、60代の世帯は約360万円、70代以上の世帯は約300万円かかり、**仮に90歳まで生きるとすれば、60歳からの30年間で9600万円が必要**になります（360万円×10 ＋ 300万円×20）。また、病気や介護といった問題も無視できません。将来起こりうるリスクを事前に把握し、対策を講じておかないと、あなたや家族が予期しない困難に直面する可能性が高まります。

　ただ、「終活といっても、何から始めていいかわからない……」という方が大半だと思います。その感覚、素晴らしいです！　本書はまさに、そのような方に向けた1冊です。

　終活を成功させる秘訣は、闇雲に行動を始めるのではなく、**まずは終活や相続に対する正しい知識をインプットすること。**　実は、終活や相続には知らないとハマってしまう落とし穴が数多く存在します。この落とし穴にハマると、家族仲が崩壊してしまったり、自己破産に追い込まれたりする恐れがあるのです。

正しい知識を身につけ、ノートに「思い」を書き記す

　本書は「お金の不安を解消する」ことをテーマにした、2部構成のエンディングノートです。

第1部では、**終活や相続に関連するお金の知識を28のコラムで紹介し、正しい知識をインプットしていただくことを目的にしています。** 老後の資金計画や相続税対策、遺言書の作成方法など、多くの方が見落としがちな落とし穴とその対策を網羅しています。もちろん最新法律にも完全対応しています。実際、知っているか知らないかの違いで、**税金が数百万円～数千万円単位で変わることがあります**ので、一通りお読みいただき、正しくて無駄のない終活につなげていきましょう。

　第2部では、**ご自身の家族構成や財産状況、相続に関する希望などを記入するページを設けています。** これにより、あなたの意思が明確に残り、遺された家族がスムーズに相続手続を進めることができます。記入した情報は、**定期的に更新することも大切**です。

　例えば、銀行口座などは、いったん今あるものはすべて記入し、その後に解約したら、二重線を引き「○○年○月○日解約」とメモを残しておけば、既に解約済みであることを家族に伝えることができます。

　申し遅れました。私は円満相続税理士法人の代表税理士を務める橘慶太（たちばなけいた）と申します。2020年に「将来の相続に備えたい方向けの定番の1冊」として『ぶっちゃけ相続』を刊行（情報をアップデートした増補改定版を2023年に刊行）。2021年には「今まさに身近な人を亡くし、相続に直面している方向けの1冊」として、『ぶっちゃけ相続「手続大全」』を刊行し、シリーズ累計で20万部を突破しました。本書は、円満な人生の最終章を目指す方向けの1冊です。

不安が安心へと変わっていく

　エンディングノートというと、死につながるネガティブなイメージをお持ちの方もいると思いますが、実は違います。生と死は、光と影のようなもの。**自分の死を見つめることで、日々の生を、よりはっきりと感じることができます。**将来の不安を少しでも減らすことができれば、その分、毎日を心穏やかに過ごすことができるようになります。

　本書は、初めて終活や相続を勉強する方でも安心して読み進められるよう、できる限り専門用語を使わずに、わかりやすい説明を心がけています。それでは、リラックスして読み進めていきましょう。

本書の使い方

第1部
「お金の不安」を ひとつひとつ消していく

終活や相続に関連するお金の知識を学びます。老後の資金計画や相続税対策、遺言書の作成方法など、多くの方が見落としがちな落とし穴とその対策を網羅しています。ゆっくり自分のペースで読み進めてください。

ポイント1
「預貯金」と「収入と支出」のバランスを考えてみましょう

ポイント2
理想のライフプランを考えてみましょう

ポイント3
相続のことを一度真剣に考えてみましょう

第2部
「お金の不安」が消えるノート

第1部で学んだ知識をもとに、あなたの基本情報や財産の状況、相続に関する希望などを記入していきましょう。すべてを完璧に書く必要はありませんので、書けるところからゆっくり書いていきましょう。

ポイント1
記入日（修正日）をしっかり書きましょう

ポイント2
記入した情報は定期的に更新しましょう

ポイント3
写真やデータ（DVD等）、終活に必要な書類は
巻末の収納ポケットに入れましょう

目次

はじめに　あなたと家族を一生守るノート　002
本書の使い方　004

第1部 「お金の不安」をひとつひとつ消していく

第1章 お金の不安を整理する

- 1分でわかる！「老後資金が足りるかどうか」計算式　012
- 老後の不安が消える「年金の賢いもらい方」　014
- 介護のリアル──3つの選択肢を知っておく　016
- 在宅介護にはリフォームが欠かせない　018
- 老人ホームの種類と選び方のコツ　020
- 空き家にする前に知っておきたいこと　022
- お墓を買うと相続税が安くなる？　お墓の意外なルール　024

第2章 財産整理をして「もしも」に備える

- 不動産の整理で大切なのは、"買った時"の金額　026
- 土地の放置は絶対NG！　相続登記義務化に備えよう　028
- タンス預金は危険？　銀行口座のシンプル整理法　030
- 投資の終活は「早めの利益確定」がオススメ　032
- 生命保険は「相続の潤滑油」に大活躍　034
- 生前整理の3つのコツ！　不用品回収業者に注意　036
- 認知症への備え──成年後見制度　038
- ペットの里親探しは時間をかけてゆっくりと　040

- ●「負の遺産」の整理法──生前中に必ずすべきこと　042

第3章　相続・贈与を考える

- ●相続の基礎知識──遺産はどう分ける？　044
- ●親の介護をした子と、しなかった子の間で起こる相続争い　046
- ●相続争いの大半が「普通の家庭」で起きる理由　048
- ●生前贈与は遺産の前渡し！　お盆や正月にやるべきこと　050
- ●これさえ知っていれば怖くない！　相続税の基礎知識　052
- ●相続税が8割引き！　小規模宅地等の特例を使おう　054
- ●1億6000万円の節税ノウハウ活用法　056
- ●知らないと絶対損する！　2024年からの生前贈与対策　058
- ●税務署はあなたの「名義預金」を狙っています　060
- ●相続を相談すべき専門家とは？　062
- ●遺言書を書く前に知っておいてほしいこと　064
- ●相続直後にやってはいけないこと6選　066

第2部　「お金の不安」が消えるノート

第1章　自分や家族について

- ●私の基本情報　070
- ●家族や親族の連絡先　072
- ●友人や知人の連絡先　074

第2章 お金について

- 預貯金（銀行口座）について　　076
- 現在の収入と支出　　078
- 老後生活を健全にするキャッシュフロー表　　080
- 口座引き落とし情報について　　082
- 不動産について　　084
- 有価証券、その他資産について　　086
- 保険について　　088
- 借入金と貸付金について　　090
- クレジットカードについて　　092
- デジタル資産について　　094

第3章 介護や葬儀について

- 私の健康状態　　096
- 介護や看護の希望について　　098
- 告知や終末医療について　　100
- もし認知症になったら　　102
- ペットについて　　104
- 葬儀について　　106
- 葬儀の具体的な希望について　　108
- お墓の希望　　110

第4章 相続や贈与について

- 遺言書や相続について　　112
- 法定相続人と相続割合がわかる家系図　　114

- ●生前贈与について　　**116**
- ●遺産分割について　　**118**

- ●大切な人へのメッセージ　　**120**
- ●その他気になること　　**122**
- ●MEMO　　**124**

おわりに　あなたが家族の心の中で美しく生き続けるために　　126

※本書の内容は2024年10月末日現在の法令にもとづいています。本書の内容を超える点、または本書で紹介した各種制度の詳細については官公庁等の公式ホームページをご参照ください。エンディングノートに法的効力はないためご注意ください。本書が提供する情報を利用することで生じた、いかなる損害及び問題に対しても、著者およびダイヤモンド社は一切の責任を負いかねますので、ご了承ください。

第 **1** 部

「お金の不安」を
ひとつひとつ消していく

第1章　お金の不安を整理する
- 1分でわかる！「老後資金が足りるかどうか」計算式
- 老後の不安が消える「年金の賢いもらい方」
- 介護のリアル──3つの選択肢を知っておく
- 在宅介護にはリフォームが欠かせない
- 老人ホームの種類と選び方のコツ
- 空き家にする前に知っておきたいこと
- お墓を買うと相続税が安くなる？　お墓の意外なルール

第2章　財産整理をして「もしも」に備える
- 不動産の整理で大切なのは、"買った時"の金額
- 土地の放置は絶対NG！　相続登記義務化に備えよう
- タンス預金は危険？　銀行口座のシンプル整理法
- 投資の終活は「早めの利益確定」がオススメ
- 生命保険は「相続の潤滑油」に大活躍
- 生前整理の3つのコツ！　不用品回収業者に注意
- 認知症への備え──成年後見制度
- ペットの里親探しは時間をかけてゆっくりと
- 「負の遺産」の整理法──生前中に必ずすべきこと

第3章　相続・贈与を考える
- 相続の基礎知識──遺産はどう分ける？
- 親の介護をした子と、しなかった子の間で起こる相続争い
- 相続争いの大半が「普通の家庭」で起きる理由
- 生前贈与は遺産の前渡し！　お盆や正月にやるべきこと
- これさえ知っていれば怖くない！　相続税の基礎知識
- 相続税が8割引き！　小規模宅地等の特例を使おう
- 1億6000万円の節税ノウハウ活用法
- 知らないと絶対損する！　2024年からの生前贈与対策
- 税務署はあなたの「名義預金」を狙っています
- 相続を相談すべき専門家とは？
- 遺言書を書く前に知っておいてほしいこと
- 相続直後にやってはいけないこと6選

第1章 お金の不安を整理する

ぶっちゃけ 01
1分でわかる！「老後資金が足りるかどうか」計算式

　公益財団法人生命保険文化センターの調査によれば、**老後に不安を感じる人の割合は実に82.2%**です。具体的な内容をみると、「公的年金や退職金だけでは不十分」「配偶者に先立たれると経済的に苦しくなる」といった、お金に関する不安が大半を占めています。

　しかし、こういった不安は杞憂に終わる傾向にあります。私はこれまで、5000人を超える方から相続や終活についての相談を受けてきましたが、老後にどれほどの資金が必要かを具体的に計算されている方はほとんどいらっしゃいません。

　実際に、ライフプランのシミュレーションを作成すると、**多くの方が、「贅沢しすぎなければ資金が足りなくなるわけじゃなさそう」という感想を持たれます。** 老後資金が足りるかどうかは、簡単な計算式で判定できます。

①今ある貯蓄額＋（②月々の収入－③月々の支出）×12か月×余命年数－④老後にかかる大きな支出

　計算の結果、**プラスであれば足りる、マイナスであれば足りない**ということです。例えば、現在65歳で2000万円の預貯金があり、毎月の年金収入が25万円、毎月の支出が30万円、大きな支出見込みとして、家の耐震リフォーム代300万円、お墓じまい100万円、配偶者の葬儀代100万円がかかる方がいたとします。2000万円＋（25万円－30万円）×12か月×35年－300万円－100万円－100万円＝－600万円。100歳まで生きる前提であれば600万円足りませんが、90歳までであれば、ピッタリゼロ円になります。

計算式がマイナスになっても大丈夫

　この計算の結果、マイナスになったとしても悲観的になる必要はありません。マイナスの金額が明確になれば、不足額を捻出するために、支出を減らしたり、無理のない程度に収入を増やしたりするなどの方法を検討することができます。

　一番よくないのは、**このような現実を見ようとせず、"漠然とした不安"にしてしまうこと**です。

　ライフプランを考える上で、前述したうち、①と②は比較的、明確にすることは簡単です。①は今の金融資産（預貯金、株式、債券など）の金額を集計すればいいですし、②についても基本的に法律が改正されない限り、年金額が減少することはありません。**問題は③と④です。**月々の支出や、老後にかかる大きな支出に対しては、具体的にどれくらいかかるのかわからない方がほとんどだと思います。そこで、この第1章では、老後にかかる支出を中心に解説していきます。

統計からみる老後の収入と支出

総務省統計局の「家計調査報告2023年」によれば、2人以上の無職世帯の月々の平均収入を年齢階級別にみると、65〜69歳の世帯は約30万円、70〜74歳の世帯は約27万円、75歳以上の世帯は約24万円。また、可処分所得（収入から税金や社会保険料を控除した金額）は、65〜69歳の世帯は約25万円、70〜74歳の世帯は約23万円、75歳以上の世帯は約21万円となっています。これに対して、**消費支出をみると、65〜69歳の世帯が約29万円と最も多く、年齢階級が上がるにつれて少なくなっています。**

65歳以上の夫婦のみの無職世帯についてみると、月々の平均収入は約24万円、可処分所得は約21万円、消費支出は約25万円。つまり、**月々4万円ほどの赤字**ということになります。65歳以上の単身の無職世帯についてみると、月々の平均収入は約13万円、可処分所得は約11万円、消費支出は約14万円。**およそ3万円の赤字**です。

預金を取り崩したくない方は、無理のない範囲での就労を検討するのも一つの手かもしれません。総務省の調べによれば、2022年時点で、65歳以上の高齢者の就業率は25.2％。年代別にみると、65〜69歳は50.8％、70〜74歳は33.5％となっています。ちなみに、働きながらでも年金を受給することは可能ですが、**老齢厚生年金と給与の合計が1か月あたり50万円を超える場合、年金の一部または全部が支給停止となります**ので、その点、ご注意ください。ある程度、貯蓄のある方は、月々の収支がプラスになる程度で、自分の好きな仕事をするのがオススメです。

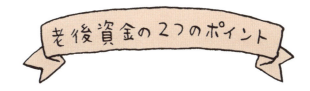

① 必要なお金を把握する

（月々の収入 − 月々の支出）× 12か月 × 余命年数

毎月どれくらいお金を使っているかしら

② 大きな支出に備える

入院や介護、葬儀など

どれくらいかかるか、一度調べてみよう

02 ぶっちゃけ 老後の不安が消える「年金の賢いもらい方」

　年金の受け取りは原則65歳からですが、希望すれば60〜75歳の好きなタイミングで受給を開始することができます。**60〜64歳で受け取りを開始することを「繰り上げ受給」、66〜75歳で開始することを「繰り下げ受給」**といいます。繰り上げ受給では、受給時期を1か月早めるごとに0.4％ずつ受給率が低下し、繰り下げ受給は、1か月遅らせるごとに0.7％ずつ受給率が上がります。65歳を基準にすると、**60歳から受給する場合は24％減額**された76％になり、**75歳から受給を開始する場合は84％増額**された184％になります。この受給率は、一生涯続くので、最も得する時期から受給を開始したいところですよね。

　厚生労働省「令和4年度　厚生年金保険・国民年金事業の概況」によれば、国民年金受給権者の3433万人のうち、**繰り上げ受給を選択している人は10.8％**であるのに対し、**繰り下げ受給をしている人はわずか2.0％**、残りの人は65歳から受給を開始しているのが現状です。

繰り上げと繰り下げ、どっちがお得？

　次ページの図表1を見てください。これは「65歳から200万円の年金をもらえる人」が繰り上げ受給、繰り下げ受給した場合にもらえる年金の額面です。端的に言えば、あなたが早くに亡くなってしまうなら60歳から繰り上げ受給を選択し、長生きするのであれば75歳からの繰り下げ受給を選択したほうが有利です。

　仮に60歳から受給開始した場合、年金額面ベースでは、81歳になった時点で、65歳から受給を開始した場合と比較して不利になります。70歳から受給を開始した場合は、82歳になった時点で、65歳から受給を開始した場合と比較して有利に転じます。

　ただ、実際には、年金からは所得税・住民税・社会保険料が引かれますので、手取り額をしっかり考慮する必要があります。税金等は、毎年の受給額が増えれば、徐々に税率もあがっていくため、手取り額ベースにすると、有利不利の転換点は、額面ベースより遅くなります。

年金受給のベストタイミング

　日本人の65歳時点での平均余命は、男性が19.52年（84.52歳）、女性が24.38年（89.38歳）であるため、年金の手取り額ベースで考えた場合、繰り下げ受給のほうが有利になる人が多いと言えます。しかし私は、**仕事を引退したタイミングから受給を開始することをオススメ**します。図表1の損益分岐点は、その方に、年金以外に収入がないことを前提としています。年金以外にも給与等の収入がある場合には、それ

らの収入と年金を合算して所得税等を計算するため、格段に負担が大きくなってしまうからです。

引退し、収入がなくなった後は、無理に繰り下げる必要はありません。確かに手取り額で考えれば、可能な限り繰り下げたほうが有利に思えます。しかし、早めに受給を開始し、その受け取った年金を使わず、複利で資産運用をすることを前提にすれば、早めに受け取ったほうが有利になることもありえます。ここでNISAを活用すれば、運用利回りの効率は、より一層よくなりますからね。ただしNISA口座にはデメリットもあるので気をつけてください（詳しくは32ページ）。

なお、**年金を繰り下げている間にまったお金が必要になったら、過去最大5年分の年金を遡って一括受給することが可能**です。例えば、72歳時点で5年分の年金を一括受給した場合、年金額は5年前の67歳から受給を開始したとみなされます。ただ、この場合、過去分の確定申告を修正して、所得税を追加で納めなければいけません。さらに、その税金に対して延滞税まで付加されてしまいますので、制度の利用は慎重に判断しましょう。

13ページで解説しましたが、現在は、70歳以降も働き続ける方が増えてきています。手取り額の有利不利にこだわり過ぎず、ライフプランに合わせて受給開始時期を見極めていくことが大切です。

図表1　年金の繰り上げ受給、繰り下げ受給、どっちがいい？

	受給開始年齢	受給率	年金額面（単位：円）	損益分岐点	
繰り上げ受給	60	76.0%	1,520,000	81歳以降不利	この年齢より長生きすると、65歳受給開始より**損**します！
	61	80.8%	1,616,000	82歳以降不利	
	62	85.6%	1,712,000	83歳以降不利	
	63	90.4%	1,808,000	84歳以降不利	
	64	95.2%	1,904,000	85歳以降不利	
	65	**100%**	**2,000,000**		
繰り下げ受給	66	108.4%	2,168,000	78歳以降有利	この年齢より長生きすると、65歳受給開始より**得**します！
	67	116.8%	2,336,000	79歳以降有利	
	68	125.2%	2,504,000	80歳以降有利	
	69	133.6%	2,672,000	81歳以降有利	
	70	142.0%	2,840,000	82歳以降有利	
	71	150.4%	3,008,000	83歳以降有利	
	72	158.8%	3,176,000	84歳以降有利	
	73	167.2%	3,344,000	85歳以降有利	
	74	175.6%	3,512,000	86歳以降有利	
	75	184.0%	3,680,000	87歳以降有利	

03 介護のリアル —— 3つの選択肢を知っておく

今はお元気な方でも、将来、介護が必要になるかもしれません。厚生労働省の発表によると、65歳以上の要介護認定率は18.3％。年齢別にみると、65〜69歳は2.8％ですが、**75〜79歳は12.4％、85〜89歳は48.1％、90歳以上は72.7％の方が要介護認定**を受けています。

そもそも要介護認定とは、その方がどの程度介護が必要なのか、行政が度合いを審査して認定する制度です。要介護認定を受けて要介護度が決まると、原則1〜3割の自己負担で介護保険サービスを利用できるようになります。

介護には大きく3種類あります。1つ目は、あなたの自宅で行われる**在宅介護**。2つ目は、デイケアやデイサービス、ショートステイなど、自宅に住みながら、施設に通って介護やリハビリを受ける**通所介護**。そして3つ目が、老人ホームに入居して継続的に介護受ける**施設介護**です。

在宅介護を希望する人が多い

多くの方は在宅介護を希望し、できるだけ「老人ホームには入りたくない」という意向をお持ちです。厚生労働省によれば、要介護・要支援認定を受けた方のうち17％が施設等へ入居しています（平成25年度調べ）。裏を返せば、**介護が必要な方であっても8割以上の方が在宅介護を続けている**ことになります。内閣府によれば、施設に入りたくない理由1位は、「住みなれた自宅で生活を続けたいから」、2位以下は、「施設で他人の世話になるのは嫌だから」「他人との共同生活はしたくないから」「施設に入るだけの金銭的余裕がないから」が続きます。

認知症と介護の切実な問題

在宅を継続するか、施設に入居するかは、あなたのライフプランを考える上で、最重要項目の一つです。ただ、最期の時まで自宅にいたいという意向を持つ方であっても、施設に入居せざるを得なくなる可能性があるのは知っておくべきです。**認知症が進行し、在宅介護を継続すると重大事故につながる恐れがある場合には、24時間体制で介護してくれる施設への入居を検討するべき**でしょう。

具体的には、火の始末ができなくなった、お風呂に一人で入ることが難しくなった、一人歩き（徘徊）をしてしまうなどの症状が表れたら、在宅介護の限界と言われています。

お元気なまま最期の時を自宅で迎えられるのが理想ですが、現在、認知症の発症率は、65歳以上は16％、85歳以上の男性は35％、女性は44％、95歳以上の男性は51％、女性は84％であることが明らかに

なっています。認知機能が低下してしまう前に、施設に入ることになった場合を想定し、あなたにあった施設選びをしておくことが大切です。

家族に無理をさせすぎない

在宅介護には、家族や親族のサポートが必要です。親を大切に想う子供の気持ちは、とても素晴らしいことですが、責任感の強い子供ほど、在宅介護を1人で抱え込み、介護疲れを起こしてしまうものです。

厚生労働省の調べによれば、**養護者による高齢者虐待の相談・通報件数は毎年増加**しています。虐待者の続柄は、息子が39％と最も多く、夫22.7％、娘が19.3％と続きます。虐待する側の要因は、介護疲れ・介護ストレスが最も多いです。

介護を受ける側と、する側とでは、「これ以上、在宅介護を続けるのは難しい」と感じる基準に、大きな差があるのかもしれません。「施設には入りたくない」と言っている親のために、介護をがんばろうと思う子供の気持ちが、いつしかパンクしてしまい、虐待や死亡事故につながってしまうこともあります。介護を受ける人は、介護する人に対して、他の親族と分担して介護をしてもらうことや、ケアマネジャーに頻繁に相談したりするよう促して、無理をさせないことが大切です。

図表2　年齢別　要介護認定率

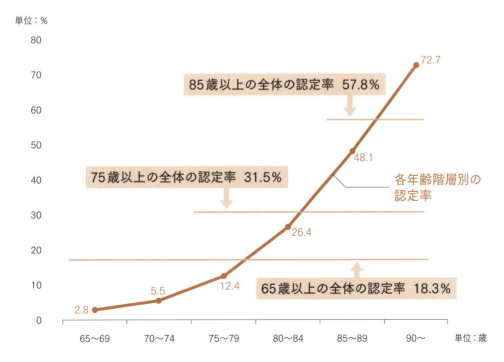

出典：「令和4年版厚生労働白書」をもとに作成

04 在宅介護にはリフォームが欠かせない

ぶっちゃけ

　生命保険文化センターの調査（2021年）によれば、介護に要した費用（公的介護保険サービスの自己負担費用を含む）は、住宅のリフォームや介護用ベッドの購入費など、**一時的な費用の合計が平均74万円、月々にかかる費用が平均8.3万円**と言われています。介護を行った場所別に見ると、在宅では平均4.8万円、施設では平均12.2万円です（ともに月額）。**介護期間の平均は61.1か月で、およそ5割の方が4年を超えて介護をしています。**

　要介護認定を受けたら介護のために行ったリフォームに補助金を受けられる制度があります。在宅介護をするなら、積極的に利用を検討しましょう。申請すれば住宅の改修にかかる費用が、最大20万円まで1割（所得によって2～3割）の自己負担で利用できます。つまり、**最大で20万円かかる改修工事を、2万円の負担で行えます。** なお、上限20万円の枠は一度に使い切る必要はなく、数回に分けて申請することも可能です。

　介護保険が適用となる場合、対象となるリフォーム内容にはさまざまな条件があります。それぞれ条件を満たしているのか、事前に確認しましょう。

　また、これからも長く自宅で生活をする場合は、耐震リフォームも検討する必要があります。特に昭和56年5月31日以前に建築された**旧耐震基準の建物で暮らしている場合には、早急に耐震診断を受けることをオススメします。** ただ、耐震診断の費

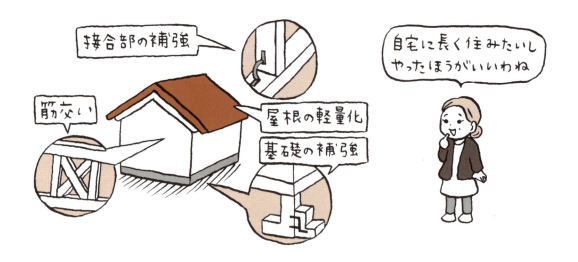

〈住宅の耐震リフォームの一例〉

- 接合部の補強
- 筋交い
- 屋根の軽量化
- 基礎の補強

「自宅に長く住みたいしやったほうがいいわね」

用相場は10万円〜30万円、耐震リフォームの相場は30万円〜300万円と、かなり大きな負担が見込まれます。しかし、多くの地域で、耐震リフォーム費用への補助金制度があります。

築年数が古くても、一定の耐震基準をクリアした家屋は、将来、売却する時の売却金額を増加させてくれる効果が見込めますし、空き家特例という所得税の特例制度を使える可能性も出てきます。住む人の安全性を確保しつつ、経済的にもプラスの効果がありますので、耐震リフォームはかなりオススメです。

ただし、**リフォーム代を負担するのは、原則として、建物の所有者でないといけない点に注意**しましょう。例えば、妻名義の建物に、夫がリフォーム代を負担すると、夫から妻への贈与とみなされて、贈与税が課税される可能性があります。

悪質なリフォーム詐欺に注意

昨今、「無料で屋根の点検をする」と言い、屋根に登って自ら屋根を破壊し、高額なリフォーム工事などの契約を迫る悪質業者が急増しています。「近くの工事現場からお宅の屋根が壊れているのが見えました」など、言葉巧みに不安を煽る言葉を投げかけてきますので、要注意です。万が一、契約してしまった時は、**消費者庁が運営する消費者ホットライン188に電話して相談しましょう。**

図表3　介護リフォームの基礎知識

補助金適用の条件

リフォーム内容	適用条件
手すりの設置	廊下・便所・浴室・玄関などに設置し、取り付け工事を伴う場合。※福祉用具貸与に該当する手すりの設置は適用外
床の段差解消	居室・廊下・便所・浴室・玄関など、各室間の床の段差を解消する場合
床の材料変更	車椅子に不向きな畳や滑りやすい床を、フローリング等に変更する場合
引き戸の設置	開き戸を、引き戸・折り戸・アコーディオンカーテンなどに変更する場合。ドアノブの変更、戸車の設置なども対象
洋式便器に変更	和式便器から洋式便器に変更する場合。洋式から洋式への変更は適用外

出典：厚生労働省

介護リフォームの流れ

① ケアマネジャー等に相談
↓
② 施工事業者の選定・見積もり依頼
↓
③ 工事前に市町村へ申請
↓
④ 市町村は内容を確認し、結果を教示
↓
⑤ 改修工事の施工→完成／施工業者へ支払い
↓
⑥ 工事後に市町村へ改修費補助の支給申請
↓
⑦ 住宅改修費の支給額の決定・支給

ノートに書こう　98ページ

05 老人ホームの種類と選び方のコツ

ぶっちゃけ

あなたが将来的に老人ホームに入るかどうかを決める前に、まずは老人ホームの種類や特徴を知っておきましょう。大きく分けると、老人ホームには公営施設と民営施設があり、利用者の身体的・精神的な状態や、経済状況、生活支援の必要度に応じてさまざまな施設が用意されています。主な種類としては以下の6つが挙げられます。

①特別養護老人ホーム（公営）
②介護老人保健施設（公営）
③介護付き有料老人ホーム（民営）
④住宅型有料老人ホーム（民営）
⑤サービス付き高齢者向け住宅（民営）
⑥グループホーム（民営）

この中でも、特に利用者数が多いのが「特別養護老人ホーム」と「介護付き有料老人ホーム」です。この2つの施設について詳しく解説します。

特別養護老人ホーム（特養）

特別養護老人ホームは、公営施設の代表的なものです。都道府県知事の許認可を受けている社会福祉法人が運営しており、**費用が比較的安価**であることが特徴です。**要介護3以上の認定を受けた高齢者が入居対象で、日常生活における介護を24時間体制で受けられます。** 利用者は身体介助が必要な高齢者が中心で、寝たきりや認知症など、常にケアが必要な方に適した施設です。ただし、特養は非常に人気が高く、特に都市部では入居待ちの状態が長引くことが多いのが現状です。そのため、早めに申し込んでおくことが推奨されます。

介護付き有料老人ホーム

介護付き有料老人ホームは民間が運営しており、民間の柔軟性を活かした高品質なサービスを提供しています。介護付き有料老人ホームは、要介護認定を受けている方が対象であり、介護保険サービスを受けながら、日常生活の支援や介護を受けることができます。施設によっては医療ケアが充実しており、医師や看護師が常駐しているところもあります。**特養に比べて費用は高め**ですが、その分施設の設備やサービス内容が充実しているケースが多く、**快適な環境での生活を求める方に人気があります。**

その他の老人ホームの特徴

介護老人保健施設は、介護を必要とする高齢者が自立した生活を送れるようサポートやリハビリを提供する施設です。

住宅型有料老人ホームは、介護サービスを外部から受ける形式で、自由度が高い生活環境が魅力です。

サービス付き高齢者向け住宅は、バリアフリー設計の住まいを提供し、軽度な支援を受けながら自立した生活を送りたい方向けの施設です。

グループホームは認知症の方を対象とし

た小規模な共同生活型の施設で、アットホームな雰囲気が特徴です。

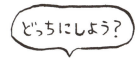
施設にかかる費用

老人ホームにかかる費用は、入居一時金と月額費用から構成されており、**入居一時金はゼロ円の施設もあれば、1000万円を超える高級施設もあります。** 入居一時金を多く払えば、月額費用は少なくなるという性質があります。ただ、エリアやサービス待遇によって費用は大きく異なるので、あなたが希望するエリアの相場情報を集めておくことが大切です。

施設選びのポイント

実際に施設を選ぼうとすると、その数の多さに圧倒されると思います。立地やサービスの質、費用などさまざまな要素を総合的に勘案して決める必要があります。ポイントとしては、**第一に、実際に入居している人や、ケアマネジャーからの評判を集めること。** インターネット上に口コミ情報もありますが、自作自演でよい評価を演出しているケースもあるので、鵜呑みにするのは危険です。**第二に、施設見学だけで決めるのではなく、体験入居をしてから決めること。** 本契約の前に体験入居をすることで、その施設との相性がわかりますし、入居者の生(なま)の声も聞くことができます。要介護度が高くなると、選べる施設も限られてしまい、焦って決めることにもなりかねません。お元気なうちから、少しずつ、候補を見つけていきたいところですね。

06 空き家にする前に知っておきたいこと

\ぶっちゃけ/

もしも老人ホームに入ることになっても、「今の自宅を手放したくない」と考える方は多いものです。思い出の詰まった家ですし、もしも施設が合わない場合などに、戻れる家があるのとないのとでは安心感が違います。しかし、施設に入るにあたって、今後も継続して住み続ける家族がいればいいですが、そうでなければ、自宅は空き家になってしまいます。

空き家の維持費と保険の話

空き家にも固定資産税や火災保険、水道光熱費、庭木の剪定費用などの**維持費が年間10万円～50万円以上かかります。** 特に注意したいのは火災保険です。消防庁によれば、2023年における日本全国の出火原因の1位はタバコですが、4位に放火、7位に放火の疑いがあり、この2つの件数を足すと、1位のタバコよりも多くなります。放火されやすい家の代表格は、人目に付きにくい空き家です。

空き家になる前に加入していた火災保険を、空き家になった後も継続し、その状態で火事にあった場合、残念ながら保険の対象にならないことがあります。火災保険は、火事になるリスク（可能性）の大きさで保険料を決めていますので、**空き家用の火災保険に加入していないと、補償の対象にならない**のです。あらかじめしっかりと確認しておきましょう。

知っておくべき税金の話

不動産を売却した時に、売った金額が、買った金額より高い場合、つまり儲けが出た場合には、その儲けに対して所得税と住民税がかかります。裏を返せば、不動産を売却して儲けが出なかった場合は、所得税も住民税もかからず確定申告も不要です。

次ページのイラストを見てください。例えば5000万円で購入した土地が、8000万円で売却できた場合、8000万円から5000万円を引いた3000万円が儲け（これを譲渡所得といいます）となります。譲渡所得に対する税率は15.315％が所得税、5％が住民税で、あわせて20.315％。ちなみに、その**不動産を所有していた期間が5年未満の場合には、税率がなんと39.63％まで増えますので注意が必要**です。

3000万円の特別控除とは？

もし、売却する不動産が、その所有者の自宅として使われていた場合には、譲渡所得を3000万円分控除してくれる制度があります。例えば、7000万円で購入した自宅が1億円で売却できたとします。譲渡所得は3000万円で、本来なら約600万円の税

金を払う必要がありますが、この特例を使えば税金はゼロ円です。

この特別控除は、元々自宅として使っていた家屋を空き家にした場合でも、**空き家にしてから3年を経過する日の属する年の12月31日までに売却すれば使うことができるので**、いつかは売却しようと考えている方は、この日を目途に考えるのがいいでしょう。

もし空き家のまま亡くなってしまった場合、相続した方が空き家を売却しても、原則として3000万円の特別控除は使えません。この特別控除は、あくまで相続した方が、その家屋に住んでいた場合に使えるためです。ただ、建築が昭和56年5月31日以前に建築された旧耐震基準の物件であれば、相続後でも3000万円の特別控除が使える特例（通称、空き家特例）がありますので、事前に要件をチェックしておきたいところですね。

解体費用に要注意！

その家の解体費用をあらかじめ知っておくことも大切です。木造住宅の場合、築30年以上経過していれば、建物の査定額はゼロ円になることが一般的です。多くの場合、買主は「更地にして売却してほしい」と言ってきます。**解体費用の相場は、木造であれば100万円〜300万円、鉄骨であれば300万円〜600万円ほど**です。また、壁や天井にアスベストが含まれている場合には、特殊な解体工事が必要になるため、1000万円を超えることもよくあります。結果として、「自宅の売却代金は500万円だけど、解体費用に1000万円かかる」ということも珍しくありません。解体費用を把握し、将来実家じまいをする家族に、それ相応の金銭を残しておいてあげるとよいかもしれません。

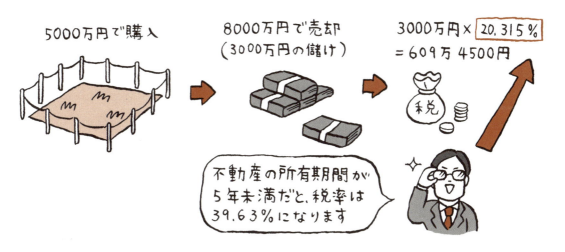

〈土地売却にかかる税金〉

5000万円で購入 → 8000万円で売却（3000万円の儲け） → 3000万円 × 20.315% = 609万4500円

不動産の所有期間が5年未満だと、税率は39.63%になります

ぶっちゃけ 07 お墓を買うと相続税が安くなる？お墓の意外なルール

あなたが亡くなった時、誰のお墓に入るか決めていますか？ 普段あまり考えることのないテーマだと思いますが、いざという時に焦らないよう、ここで考えておきましょう。

「誰のお墓に入るか」の基本ルール

実は、誰のお墓に入るかは、一応のルールがあります。お墓には、先祖からお墓を承継した人（祭祀承継者、主に長男）と、お墓の管理者である墓地管理者（主に菩提寺の住職さん）の同意があれば、誰でも入ることが可能です。お墓を承継する人は、先代が指定していた方がいればその方が、指定がない場合は親族や縁が深かった方たちとの話し合いで決め、それでも決まらない場合は家庭裁判所が指定します。

長男がお墓を承継している場合、長男一家は、そのお墓に入ることが一般的です。長男の妻も、そのお墓に入ることが多いですが、必ずそうしなければいけないわけではありません。「あの人と同じお墓は嫌！」ということであれば、実家の親族のお墓に入ることも当然OKです。**お墓を承継していない二男や三男たちは、新しいお墓を購入することが一般的**です。最近では、比較的リーズナブルで、お手入れが楽な樹木葬や、海に遺骨をまく海洋散骨の人気が高まっています。

「お墓じまい」の実態 ──お金はいくらかかる？

近年では「お墓じまい」がトレンドになっています。これは、先祖代々のお墓が承継者の住まいから遠方にあり、なかなかお墓参りに行けない場合や、将来的に承継する人が見つからず、このままだと無縁墓になってしまう恐れがあるお墓を、事前に自分たちで閉じることをいいます。中にある遺骨は、新しいお墓に移す改葬、海などにまく散骨、永代供養墓に納骨するなどの方法がありますが、それ相応の費用がかかります。**経済的負担が軽くオススメなのは、合祀といって、遺骨を砕いて、多くの方の遺骨と合わせて合祀墓に納骨してもらう方法です。** 一般的なお墓の建立費用は100万円～300万円程度であるのに対して、合祀は10万円～30万円程度と、10分の1以下に抑えられます。申し込み時点で必要な金額を払えば、それ以降に費用が発生しないことも魅力です。

遺骨を新しいお墓に移す際は、現在遺骨が埋葬されている寺院、霊園の管理者から埋葬されている旨の証明と、新しい墓地から発行される使用許可書を用意して、市区町村へ改葬許可の申請が必要になります。

お墓じまいをする際、これまでお墓の管理をしてくれていた菩提寺に、離檀料をお支払いする慣習があります。これは、お布施と同じで、これまでお墓を守っていただ

いたことや、お世話になったことへの感謝の「お気持ち」として包むものです。離檀料の相場はあってないようなものですが、一般的には3万円～15万円程度と言われています。しかし、1つの遺骨につき50万円、合計すると数百万円になるケースも珍しくありません。法律上、支払いの義務はありませんが、住職さんとよく話をし、お互いが納得できるようにしましょう。

節税ノウハウと注意点

実は、お墓は生前に購入しておくと、相続税の負担を軽減できます。お墓や仏壇などは相続税の非課税財産と位置付けられていますので、**生前中に購入すれば、預金という課税財産が、お墓という非課税財産に変わる**わけです。同じように、先ほどの墓じまいについても、生前中に先祖のお墓じまいを済ませておけば、お墓じまいにかかった費用分、あなたの財産が減少するの

で、将来発生する相続税の負担も軽くなります。ちなみに、お墓をローンで購入した場合、相続発生時点のローン残高は、相続税の計算上、控除することができないので、節税効果を享受するには現金一括で購入する必要があります。

お墓を買う時の注意点

購入する際の注意点として、インターネットに掲載されている安い金額の墓地を希望して見学に行くと、その価格帯の墓地は売り切れていて、高額なものを勧められることが多いため、事前に希望するものがあるかの確認をしておくことが大切です。また、亡くなった後に急いでお墓を探すと、四十九日の納骨に間に合わせるよう、契約を急かされることがありますが、**納骨は四十九日までにしなければいけないというルールはありません**ので、焦ることなく、複数の会社から見積もりをもらいましょう。

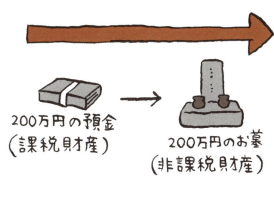

第2章 財産整理をして「もしも」に備える

ぶっちゃけ 08 不動産の整理で大切なのは、"買った時"の金額

　第2章では、お持ちの財産を一つずつ整理していきましょう。まずは不動産についてです。あなたが亡くなった時、残された家族は、あなたがどのような不動産を持っていたのかを調べることになります。

今すぐチェックすべき書類

　まず、あなたが毎年支払っている固定資産税納税通知書。この書類には必ず、固定資産税の課税明細書といって、あなたが所有している不動産の所在や地積、固定資産税評価額といった情報がまとめられた書類が同封されています。**課税明細書を巻末の収納ポケットに入れておけば、家族は不動産の詳細を把握できるのでとても助かる**はずです。固定資産税評価額は3年に一度変わりますが、所在や面積などは時が経っても変わりませんので、毎年、差し替えなくても問題ありません（ただ、新しい情報に越したことはないので、余裕のある方は毎年差し替えましょう）。

　ここで**注意すべきは、私道や保安林などの非課税不動産や、免税点未満の不動産は、課税明細書に記載されない可能性がある点です。** そのような不動産がある場合は、名寄帳（なよせちょう）といって、あなたがその市区町村内で所有しているすべての不動産の情報をまとめた書類を役所から発行してもらえますので、巻末の収納ポケットに入れておけば完璧です。

　課税明細書や名寄帳が入手できたら、次に、その不動産を買った時の金額を明確にしましょう。これは、将来その不動産を売却する際に、所得税を計算するのに必要になるからです。不動産を売却した時の税金は22ページで見たように非常にシンプルで、その不動産を買った金額と、売った金額を比較して、売った金額のほうが大きければ、その差額に対して15.315％の所得税と5％の住民税が課税されます。例えば、5000万円で買った土地が、8000万円で売れたなら、差額の3000万円に20.315％をかけ、約600万円の税金がかかります。※建物については、買った金額から時の経過に伴う減価償却費を差し引くので、土地よりも計算が少しだけ複雑です。ご自身で計算することが難しい方は、事前に税理士や税務署にご相談ください。

数千万円の損をする⁉
5％ルールに注意！

　相続した不動産を売却した場合、売った金額と比較するのは、**相続した時の金額ではなく、亡くなった方が買った時の金額を使います。** そのため、亡くなった方が買った時の金額がわからない場合には、税金の計算ができません。その場合には、売った金額の5％を買った金額として計算しなければいけないルールがあります。例えば、

相続した土地が8000万円で売れた場合には、400万円（8000万円×5％）が買った金額となるため、差額の7600万円に20.315％をかけた約1543万円の税金が発生します。「父がそんな安い金額で買ってきたわけはない！」と主張しても、**購入金額がわからなければ強制的に5％として扱われてしまいます。**

今すぐやるべきこと

この事態を避けるために、不動産の購入金額を明確にできる書類を用意しましょう。**購入当時の売買契約書があればベスト**です。ない場合は、不動産業者に連絡し、当時の資料を掘り起こしてもらいましょう。不動産業者自体がなくなっている場合は、購入当時のチラシなども有力な資料になりますし、住宅ローンを組んだ銀行に相談してみるのも一つの手です。まったく資料が見つからない場合でも、あなたの記憶は有力な手掛かりの一つになりますので、必ず84ページに記載しておいてください。ちなみに、相続に強い不動産鑑定士や税理士であれば、過去の購入金額を調査できることもあります。

大昔の不動産だったら？

もし、あなたが所有している不動産が、あなたのご先祖様から相続したものである場合は、ご先祖様が買った時の金額が必要になります。しかし、購入時期が昭和20年代以前である場合には、貨幣価値の違いから、購入金額は現在時価の5％未満である可能性が高いです。**購入金額が5％未満である場合でも、税金計算上は5％を使うことができます**ので、その場合には無理に過去の資料を探さなくても問題ありません。購入時期は、不動産の登記簿謄本をとれば調べることができます。

5％ルールに要注意！

ノートに書こう ▶ 84ページ

09 ぶっちゃけ

土地の放置は絶対NG！
相続登記義務化に備えよう

2024年4月1日から施行された民法改正によって、不動産を相続した人は、不動産を取得することを知った日から3年以内に相続登記、つまり、不動産の名義変更をしなければいけません。**正当な理由なく名義変更をしなかった場合には、10万円以下の過料が科せられます。**

相続登記の義務化は、2024年4月1日以降に亡くなった方だけでなく、それ以前に亡くなっている方も対象です。

例えば、今から20年以上前に亡くなっている祖父名義のままの土地があった場合、これまでは名義変更をしなくても罰則はありませんでしたが、2024年4月1日から3年（つまり2027年3月31日）を経過すると、ペナルティの対象にされる恐れがあります。

不要な不動産は今すぐ整理！

名義変更をしないまま放置された土地を、今から名義変更するには非常に大きな労力が必要になります。例えば、**あなたの祖父名義のままの土地の名義変更をするには、あなたの父や伯（叔）父、伯（叔）母の実印と印鑑証明書が必要になりますし、**父や伯父が亡くなっている場合には、その子であるあなたや伯父の配偶者や従兄弟の実印と印鑑証明書も必要になります。**時の経過と共に、相続人の数が増えていきますので、**その分、名義変更も一筋縄ではいかなくなります。思わず、目を背けたくなりますが、あなたの代で名義変更を済ませておかないと、問題は子や孫に引き継がれ、事態はより一層深刻になります。

名義変更の問題とは別に、不要な不動産は生前中に整理しておきたいところです。バブル期に原野商法で地方の土地を買わされてしまった方や、先祖代々相続してきた山林などをお持ちの方は、「売りたいけど、誰も買ってくれない」と半ば諦めていることが多いのが現状です。しかし、このような不動産を遺してしまうと、相続した家族がトラブルに巻き込まれてしまう恐れがあります。

「放置した山林」をめぐるトラブル

2017年、熊本県で走行中の車に倒れた木が直撃し、運転手が死亡するという痛ましい事故が起こりました。遺族は熊本市と土地の所有者3人に損害賠償を求める訴訟を提起し、2022年12月、所有者と熊本市に対して約5000万円の賠償を命じる高裁判決が確定しました。

その後、熊本市は、「事故の3年前から倒木の可能性があるとして管理を求めたのに、所有者が対応しなかったことが事故の原因」として、**土地の所有者に、熊本市が負担した賠償金の全額を支払うよう提訴し**ています。この所有者は、前所有者から相

続した山林を、3人の相続人で共有していたそうです。

これまでの法律では、必要な財産だけを相続し、不要な財産だけを相続放棄することはできませんでした。しかし、**2023年4月より、不要な土地だけを特別に相続放棄することができる、相続土地国庫帰属法が始まりました。** この制度を使えば、不要な土地だけを相続放棄することが可能です。

ただ、国庫に帰属させるには、さまざまな条件があるため、簡単にはいきません。また、許可がおりても、最低20万円〜多いと100万円以上の負担金を払わなければなりません。そのため、**二束三文でも売却できるなら、売却したほうが得と言えます。** まったく売却できる見込みがない場合は、この制度も視野に入れて、事前に専門家に相談してみましょう。

なぜ農地の申請が多いのか？

2024年8月31日時点での統計によれば、最も申請が多いのが農地、次に宅地、山林と続きます。

農地は、原則として、農業従事者にしか売却することができないため、相続人が処分に困りやすい傾向にあります。その一方で、農地は境界も明確で、土壌汚染などもないことから、下の図表4にある引き取り不可の要件に該当しない可能性が高く、相続土地国庫帰属制度との相性がよいと言われています。

また、農地については農業委員会や、農地バンクにも相談ができるので、相続が起きる前に話をしておくのもオススメです。

図表4 相続土地国庫帰属制度における引き取り不可の土地の要件

却下要件 （申請の段階で直ちに却下となる土地）	不承認要件 （審査の段階で該当すると判断された場合に不承認となる土地）
A　建物がある土地	A　一定の勾配・高さの崖があって、かつ、管理に過分な費用・労力がかかる土地
B　担保権や使用収益権が設定されている土地	B　土地の管理・処分を阻害する有体物が地上にある土地 ※果樹園の樹木、車両放置など
C　他人の利用が予定されている土地 ※現に道路として利用されている土地、墓地内の土地、境内地や、現在、水道用地、用悪水路、ため池として利用されている土地	C　土地の管理・処分のために、除去しなければいけない有体物が地下にある土地 ※産業廃棄物、古い水道管、浄化槽、井戸など
D　特定有害物質により土壌汚染されている土地	D　隣接する土地の所有者等との争訟によらなければ管理・処分ができない土地
E　境界が明らかでない土地・所有権の存否、帰属または範囲について争いがある土地	E　その他、通常の管理・処分に当たって過分な費用・労力がかかる土地

出典：法務省

ぶっちゃけ 10 タンス預金は危険？銀行口座のシンプル整理法

　銀行口座の整理は、早めに着手しておきたい終活の一つです。

　「現在あまり使っていない銀行口座は早めに解約しておきましょう」という話はよく聞くと思いますが、実は、使っていない銀行口座を有効に使う方法があります。それは、**「相続する人ごとに、銀行口座を1つ用意しておく」**という考え方です。

　例えば、終活をしているAさんがいます。Aさんには妻と、子供2人がいます。自分が死んでしまった時は、子供たちに1000万円ずつの預金を相続させ、残りの財産はすべて妻に相続させたいと考え、その旨を遺言書に残しました。もしAさんが、1つの銀行口座しか持っていなかった場合、1つの銀行にある預金を、複数の相続人で分けることになります。この場合、遺言書の他に、預金を受け取るすべての相続人の実印と印鑑証明書が必要になります。**相続人の仲が悪い場合、なかなか印鑑証明書が揃わないため、預金を引き出すことが困難な状態になってしまう**恐れがあります。

相続人ごとに銀行口座を用意しよう

　預金をそれぞれの相続人が相続する用の銀行口座に分け、遺言書に「○○銀行は妻、□□銀行は長男、△△銀行は長女に相続させる」と書いておけば、それぞれの相続人は、遺言書と、自分の実印と印鑑証明書等を持っていくだけで、その預金を相続することが可能です。

　また、例えば、長男に相続させるための銀行口座に1000万円を入金した後、長男から「100万円、生前贈与してほしい」と申し出があり、その銀行口座から生前贈与を行ったとします。この場合、遺言書には、「□□銀行の預金は長男に相続させる」と書かれていますが、口座残高は書きませんので、遺言書の内容を修正する必要がありません。私のオススメとしては、**配偶者に相続させる銀行口座に、引き落とし関係（水道光熱費や固定資産税等）を集めておき、子供用の口座は、日本全国に支店がある大きな銀行を選んであげると**、どこの支店からでも相続手続ができるので便利です。

銀行口座を10年以上放置すると、預金は国のものになる

　ペイオフ対策として、銀行口座を分散させている方もいらっしゃいますが、相続人の人数分以上に銀行口座は必要ありませんので、不要な口座は早めに解約しておきましょう。**2018年に施行された「休眠預金等活用法」**により、10年以上使っておらず名義人に連絡が取れない口座については、残高を国が徴収できることになりました。また、この機会に不要なクレジットカードの整理も行いましょう。特に年会費がかかるものには注意してください。

定期預金は普通預金にする

　定期預金の口座にお金を預けている方は、普通預金へ移動することも検討してみましょう。病気や事故で大きなお金が必要になったとしても、本人が窓口に行けないのであれば定期預金は解約できず、家族が困ってしまうことがあります。

　銀行口座の整理ができたら、口座情報を76ページにまとめておきましょう。特に、**インターネットバンキングは、郵送物がないため、家族は存在を把握できませんので、忘れずに書いておいてくださいね**。

　ただし、暗証番号は絶対に書かないでください！ 暗証番号を書いてしまうと、万が一、このノートが盗まれてしまった場合に大変なことになります。もしもの時のために、最も信頼している家族に暗証番号を伝えておくのはよいですが、それ以外の方に伝えるのはよしましょう。ちなみに、**暗証番号を家族に伝えなくても、あなたが亡くなった後、名義変更手続などは問題なく行えます**。

銀行口座はすぐ凍結される？

　相続が発生しても、直ちに銀行口座が凍結されるわけではありません。金融機関が死亡の事実を知った時に凍結されますので、逆をいえば、銀行に死亡の事実を伝えなければ凍結されません。ただ、だからといって、他の相続人の同意なしにATMからお金を引き出したりすると、その後の相続トラブルになるので、そういったことはしないように伝えておきましょう。

　自分の死後、家族が困らないようにと、まとまった現金を家で保管する方がいますが、今の時代、タンス預金は盗難や詐欺、強盗のリスクが高まっていますので、オススメできません。また、相続税申告をする際、タンス預金が多いと税務署から「もっと隠している現金があるのでは？」と目をつけられる恐れもあるので注意しましょう。

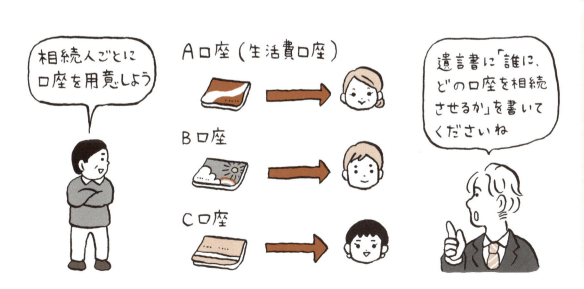

ノートに書こう ▶ 76、82、92ページ

ぶっちゃけ 11 投資の終活は「早めの利益確定」がオススメ

投資家の終活は、「見切り千両」「利食い千人力」を念頭に、**値動きの激しい銘柄は早々に利益確定し、値動きの少ない安全資産のみにしておくのがオススメ**です。

新NISAのデメリットとは？

2024年、新NISAがスタートしましたが、実はNISAには所得税の特例制度である**損益通算と繰越控除が使えないというデメリット**があるのをご存じでしょうか？ 損益通算とは、例えばA株式で100万円の売却損を出してしまった場合、B株式で発生した売却益と相殺できる制度です。そして、その年のうちに相殺しきれなかった売却損を、向こう3年にわたって繰り越すことができる制度が繰越控除です。この2つは、NISA口座で運用している場合、使うことができません。「儲けが出た場合は非課税となるが、損失が出た場合は損益通算ができない」という性質を鑑みると、**NISAの本質は、特定口座（一般口座）で運用するよりもハイリスクハイリターンだと言えます。**

またNISAで運用中に、その方が亡くなると、その亡くなった時点の価格で相続人が相続（承継）するため、含み損が切り捨てられてしまいます。例えば、父が100万円で買った株式が40万円まで値下がりしている時に父が亡くなると、相続人はその時の価格である40万円で取得したことになるため、株価が元の100万円に戻ってから売却した場合でも、差額の60万円に税金がかかります。一方で特定口座や一般口座で運用していた場合には、相続の時の価格は関係なく、子供も100万円で株式を取得したことになるため、100万円で売却した場合には税金がかかりません。

結果として、NISAで運用するよりも、特定口座（一般口座）で運用していたほうが、税金的にメリットとなることもあるのです。こういった事態を避けるためには、NISA口座で含み益が出ている銘柄は、早々に利益確定をしましょう。また、含み損が生じた時でも、相続人に引き継ぐことのできる特定口座（一般口座）で運用するのも一つの手です。**証券口座が複数ある方は、銀行口座と同じように、受け継ぐ相続人ごとに口座を遺しておくと便利**です。

まだまだ積極的に投資を楽しみたい方は、将来的に相続させる予定の家族と一緒に銘柄を選ぶのも一興ではないでしょうか？ 相続人が投資に興味がないのであれば、S&P500などのインデックス投資がいいかもしれません。世界一の投資家であるウォーレン・バフェット氏も、家族に、自分の死後は遺産の9割をS&P500で投資するように伝えているそうです。相続人が積極的に投資をしている人であれば、株式などで積極投資を継続するのもよいと思います。あなたが投資した銘柄に含み益が生じ

た場合、相続後に、相続人が抱えている含み損と相殺することも可能です。

投資が好きな人への注意点

株が好きな方は、**自然発生する単元未満株式に注意**したいところです。単元未満株式とは、その会社が合併や分割、新株発行などをすることで発生する、証券会社で扱える1単元の株数に満たない株式のことです。「自分としては1000株所有しているつもりだったけど、いつの間にか、1050株所有していた」ということが、実務上、非常によく起こっています。この場合、1000株は証券会社が預かっていますが、50株は株主名簿管理人である信託銀行の特別口座に預けられています。相続が発生すると、証券会社だけでなく、株主名簿管理人にも手続する必要があるので、生前中に処分しておきたいところです。調べ方は、配当金の支払通知書に記載されている株式数と、証券会社が発行する残高証明書（年間取引報告書や月間運用報告書でもOK）に記載されている株式数に相違があるかどうかでわかります。

証券口座の整理ができたら、86ページに詳細を書いておきましょう。特にネット証券の場合は、通年で郵送物が一つもないケースもあるので、その存在を家族に伝えておかないと、存在を完全に忘れ去られてしまうかもしれません。**株式や投資信託は、持ち主本人が認知症になってしまうと売却できなくなる恐れがあります。**心配のある方は、相場がよいうちに利益確定しておきましょう。

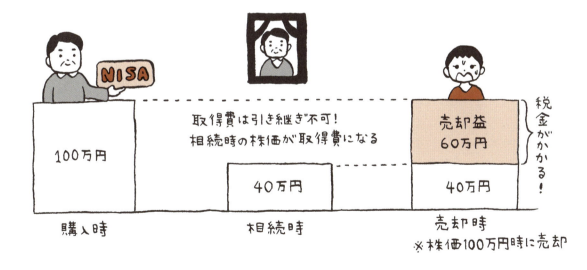

〈NISAで運用していた株式を相続したら？〉

「故人NISAから相続人NISAへの移管はできない」ので注意！

ノートに書こう ▶ 86ページ

ぶっちゃけ 12 生命保険は「相続の潤滑油」に大活躍

　生命保険には、他の財産にはない特殊な性質があるため、円満相続を実現させるための潤滑油として活かせます。その特殊な性質とは**「生命保険金は遺産分割協議の対象にならない」**という性質です。

生命保険金は「遺産」ではありません

　通常、不動産や預金、株式などの遺産は、遺言書があるか、相続人全員の同意（遺産分割協議）がなければ、分け方を決めることはできません。しかし、民法上、「生命保険金は受取人固有の財産であり、そもそも遺産ではない」と位置づけられています。そのため、**受取人として指定された方が、他の相続人の同意を必要とせず、単独で保険金を受け取ることが可能**です。もしも他の相続人から「生命保険金も平等に分けるべきだ」と言われても、それに応じる義務はありませんし、生命保険金の存在自体を他の相続人に黙っていても法律上は問題ありません。ただし、相続人は、あなたが亡くなった後、生命保険会社に対して、あなたが契約していた生命保険の情報開示を求めることができるので、他の相続人がその気になれば隠し通すことはできません。

　「遺言書を作る予定はないけど、このお金だけは確実に長女に残してあげたい」といった気持ちがある方は、**生命保険を遺言書の代わりに使うのもオススメ**です。また、生命保険金は"遺産"ではないため、相続人が相続放棄をした場合でも受け取ることが可能です。ただ、当初から将来的に相続放棄を前提に、あなたの財産を保全する目的で新たに生命保険に加入したような場合には、債権者から詐害行為として訴えられる恐れがあるので注意しましょう。

相続税を大幅に減らすことができる

　生命保険金は、500万円×相続人の数まで相続税が非課税とされています。例えば、あなたに配偶者と、子供が2人いれば、相続人は3人。500万円×3＝1500万円までの生命保険金であれば相続税を非課税にすることができます。この場合、保険金が2000万円であれば、課税対象になるのは500万円だけです。今お持ちの財産が、相続税の基礎控除を少しだけ超える方は、今からでも預金を生命保険金に変えておくだけで、相続税申告を不要にできます。

　生命保険は非常に多くの種類がありますが、**相続税対策として加入するなら、掛け捨てではなく、支払う保険料に対して、受け取る保険金が目減りせず、保障が一生涯続くタイプのものがいい**でしょう。90歳くらいまでの方であれば、健康診断不要で加入できるものもあるので、オススメです。外貨建てのほうが利回りはよくなる傾向にありますが、為替リスクを避けたい方は円

建ての生命保険を選択しておきましょう。

生命保険金の受取人は子供がオススメ

相続税がかかる方の場合、生命保険金の受取人は配偶者ではなく、子供にしたほうが相続税の節税効果は大きくなります。56ページで詳しく解説しますが、配偶者が相続する財産は最低でも1億6000万円まで相続税が控除される、配偶者の税額軽減という制度があります。この制度のおかげで、配偶者には相続税がかからないことが大半ですので、生命保険金の非課税枠の恩恵は、子供に与えたほうが得をします。なお、この非課税枠は、受取人が相続人である場合にのみ使うことができます。そのため、例えば、相続人ではない孫や、相続放棄をした方が受取人となる場合は、非課税枠を使うことができませんので注意しましょう。

いざ、あなたが亡くなった時、相続人が、生命保険会社に連絡し、送られてくる「保険金の請求書」と死亡診断書のコピー、受取人の本人確認書類を提出すれば、5営業日ほどで保険金が支払われます。ただし、あなたがどの生命保険会社と契約しているかがわかるようにしておかないと、死亡から3年経過後に生命保険金は失効してしまうので注意しましょう。多くの生命保険会社では1年に一度、契約内容のお知らせを郵送で送っていますが、住所変更手続をしていないと、届かない場合もあります。

あなたが加入している生命保険の情報をこのノートに書く時は、**あなたが被保険者（保険の対象者）となっている契約だけでなく、あなたが契約者で、あなた以外の方が被保険者である契約の内容も記載しましょう。** 例えば、「あなたが契約者で、被保険者はあなたの配偶者、受取人はあなた」のような保険が該当します。このような契約がある場合、あなたが配偶者より先に亡くなると、その生命保険に関する契約者と受取人の変更手続が必要になります。また、この場合には、亡くなった日における解約返戻金相当額が相続税の対象になりますので、注意しましょう。

〈預金を生命保険金に換えておくと、節税になる〉

被相続人

保険金
2000万円

課税対象
500万円

非課税
1500万円
(500万円×3)

相続人

ノートに書こう　88ページ

ぶっちゃけ13 生前整理の３つのコツ！不用品回収業者に注意

実家じまいをする際、亡くなった方が生前大切にしていたものを、すぐに処分していいのかどうか、悩まれる方がたくさんいます。あなたがお元気なうちから、少しずつ、いるものといらないものに分けていきたいところです。

処分してもいいものは、あなたの時間と労力に余裕があれば、メルカリなどのアプリを使って一品ずつ丁寧に売りに出す形が、最も換金率のよい処分方法です。

次に、出張買取にきてくれる業者に一括買取を依頼する方法がいいでしょう。買い取ってくれないものは、あなたの玄関先などで「ご自由にお持ちください」という貼り紙を付けて、処分したいものを置いておく方法があります。意外と衣類や食器類は、この方法ですぐに綺麗さっぱりなくなります。この３つの方法でも処分できないものは、こちらがお金を払って回収してもらいましょう。

思い出が詰まったものの処分方法

思い出の詰まったものの処分は、**現代テクノロジーを積極的に使いましょう。** 例えば、アルバムにある写真は、アルバムデータ化サービスを利用し、クラウド上にデータとして保管することができます。クラウド上に保管すれば、震災等が起きてもデータが消えませんし、何十年経っても劣化しませんので、オススメです。

他にも思い出が詰まったものは、たくさんあるかと思います。私も昔、長年乗ってきたバイクを処分する時は、とても寂しい思いをしました。一つのテクニックとして、**思い出の品は、写真に撮っておくと処分がしやすくなります。** 撮った写真は先ほどのクラウド上に保管をしておけば、いつでもまた見返すことができますよ。

個人情報が記載された書類の処分方法

他に遺されて困るものとして、個人情報が記載された書類関係が挙げられます。防犯上の観点から、このような書類は、そのままゴミに出すわけにもいきませんので、機密情報を溶解処分してくれる専門業者に依頼しなければいけません。こういったものを遺さないためにも、**用が済んだ書類は、その都度、シュレッダー処理しておきたい**ところです。同様に、使わなくなったパソコンも、防犯上の観点から専門業者に処分を依頼することになりますので、元気なうちに処分しておきましょう。

ちなみに、一般的な家庭でも、**不用品の回収をすべて業者に依頼した場合、20万円〜100万円くらいの費用がかかります。** 当然、この費用は、あなたが存命中に不用品を減らせば減らすほど安くなりますので、コツコツと身辺整理を進めておきたいとこ

ろです。

不用品回収業者とのトラブル

不用品回収業者と依頼者との間でトラブルが発生することが多い点にも注意が必要です。主なトラブルは、当初の見積額よりも最終的に請求される金額が大きくなるケース。他にも、**価値のある貴金属や現金などを、依頼主にバレないように盗んでしまうケースもある**そうです。

このようなトラブルに巻き込まれないためには、金額だけで選ばずに、その会社のホームページや口コミをしっかりと確認することや、実際に依頼したことのある方から紹介してもらうのがオススメです。そういったことが難しい場合でも、最低限、複数の会社から見積もりを取り、見積額から増額されることはあるか、それはどのようなケースか、といったことをしっかりと確認しましょう。

「無料回収」に要注意！

環境省からも注意喚起されていますが、廃家電や粗大ゴミなど、廃棄物の処分について「無許可」の回収業者を利用しないようにしましょう。軽トラックから町中に大音量で不用品を無料で回収すると流している業者や、チラシやインターネット広告を用いて無料で引き取る旨をアピールしている業者には注意が必要です。廃棄物を回収できるのは、一般廃棄物処理業の許可を持つ業者に限定されます。無料と思って依頼したら、違う名目で高額請求されることも多いので、注意しましょう。

生前整理のコツ

① メルカリなどのフリーマーケットアプリで売却する

② 思い出の品は、写真に撮ってから処分する

③ 個人情報が記載された書類関係は、機密情報処分サービスで処分する

▶ ノートに書こう　94、118ページ

ぶっちゃけ14 認知症への備え——成年後見制度

もしもあなたが認知症になってしまったら、ご家族であっても、あなたの定期預金を勝手に解約できませんし、あなたを老人ホームへ入居させる契約もできなくなります。こういった問題を解決するために、成年後見制度があります。この制度は、**判断能力を失ってしまった人の代わりに契約行為をする"後見人"を家庭裁判所が選任し、後見人は、その方のために財産管理や、老人ホームの入居手続などを行います。**

2023年12月時点において、成年後見制度の利用者数は約25万人。65歳以上の高齢者人口は約3600万人ですので、比率で言えば、利用されている方は少ない制度と言えます。

成年後見制度の基本

成年後見制度は、「任意後見」と「法定後見」の2つに分類されます。

任意後見制度は、今現在、判断能力が十分にある方が、自分自身の判断能力が低下した時に備えて、事前に自ら後見人を選んでおける制度です。誰に何を支援してもらうか具体的に決定したうえで、後見契約を結び、実際に判断能力が低下した時に後見を開始する形になります。この契約は必ず公証役場で行う必要があります。

法定後見制度は、既に判断能力が低下して、自身で財産管理等を十分に行うことができない方に、本人に代わって配偶者や子供などが申立てを行い、後見人を選任する制度です。さらに、法定後見制度では、選任の申立てを受けた家庭裁判所が判断能力に応じて、「補助」「保佐」「後見」の3つの類型から適切なものを選択し、状況に応じた支援を行います。ちなみに、最も利用者数の多い類型が「後見」であり、利用者全体の約8割が利用しています。

法定後見制度によって選ばれる後見人は、親族が18.1％、親族以外の弁護士や司法書士等が81.9％です。この数値だけを見ると、「親族は後見人になれないの？」という印象を受けますが、家庭裁判所によると、そもそも申し立て時点で、親族を候補者としている割合は22％しかいません。22％の申立てに対して、18％が実際に親族後見人として選ばれていますので、**親族後見人を希望すれば高い確率で認められている**ことになります。

2019年3月18日に最高裁から後見制度への方針として、"本人の利益保護の観点からは、後見人となるにふさわしい親族等の身近な支援者がいる場合は、これらの身近な支援者を後見人に選任することが望ましい"と明らかにされました。親族後見人の申立てが通らないケースは、本人がその親族候補者に後見人になってほしくないという意向がある場合や、親族内で後見人候補を巡るトラブルがある場合などが挙げられます。**弁護士や司法書士が後見人に選ば**

れた場合、**月額2万円以上の報酬が発生しますので**、経済的に余裕のない方は、親族を候補者にしたほうがいいかもしれませんね。

成年後見制度のデメリットも知っておく

後見制度が開始されると、本人の財産と家族の生活を区別させられ、本人の財産は、本人の生活に必要な分しか使えなくなるため、旅行に行くための費用や、家族の生活費などを引き出せなくなる恐れがあります。また、**10万円以上のお金を使うには、その都度、家庭裁判所にその旨を報告しなければいけない**など、なかなか使い勝手がよくないと言われています。

後見制度が必要になる理由の第1位は預貯金（特に定期）の解約ができない、2位は老人ホームや介護サービスの契約ができないことが挙げられます（身上保護）。裏を返せば、**認知症になる前に、これらの必要性を失くしておけば、成年後見制度を利用しなくても済むのかもしれません。** 後見制度は、一度始まると、本人の症状が完全に回復するか、本人が亡くなるまで途中でやめることはできません。慎重に判断したいところです。

後見制度の申立ては、本人や親族だけでなく、市区町村長（つまり行政）も行えます。そのため、家族の意向に反して、施設や病院などの判断で後見制度が開始されることもあるので、その心づもりも必要です。

これらの問題点につき、令和6年現在、法制審議会で成年後見制度の在り方の見直しが行われています。関わるすべての人にとって、よりよい制度になっていくことを期待しています。

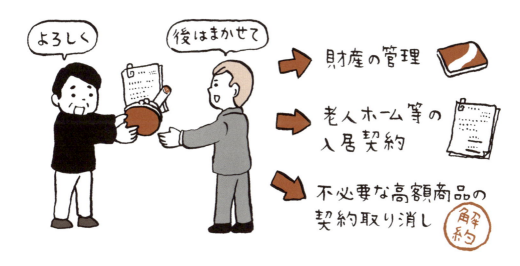

〈高齢者の財産を守る「成年後見制度」とは？〉

ぶっちゃけ 15 ペットの里親探しは時間をかけてゆっくりと

あなたがペットを飼っているのなら、あなたが亡くなってしまった後、誰がペットの世話をするのかを必ず決めておきましょう。ペットは生き物ですので、誰が引き取るかが決まるまでの間もエサやりや散歩などが必要です。相続人の家でも飼育可能であればよいですが、マンションなど飼育が禁止されている場合や、犬猫アレルギーがあるため飼育できない場合もあります。

もしあなたが亡くなったら？

飼い主が死亡したことによって、引き取り手がいなくなったペットを保護してくれる公的な機関は日本にありません。 誰も飼育できないなら保健所に連れていかれ、最終的に殺処分されてしまいます。そうならないためにも、家族や親戚に引き取り手がいないのであれば、あなたが元気なうちから里親探しを始めましょう。

現在は、里親マッチングサイトで、ペットの写真やプロフィールを掲載すると、里親として立候補する方から連絡をもらうことができます。その中から、条件の合う方を里親として選ぶのも一つの手です。

里親の信じられない行動

ただ、里親候補が見つかっても、安易に決めてはいけません。というのも、里親マッチングサイトは、よくも悪くも仲介する人がおらず、お互いの合意だけで話を進めていくため、実際にペットを渡してから、**「やっぱり思っていたのと違った。返却したい」と軽々しく里親の責任を放棄されるトラブルが多発**しています。なかには、「今すぐ引き取りにこないと保健所に連れて行くぞ！」と脅迫してくる人もいます。

他にも、マッチングサイト内のメッセージ機能だけでやり取りをしており、ペット引き渡し後に、そのサイトから退会し、完全に連絡が取れなくなってしまったケースなどもあります。

里親探しの3つのポイント

里親探しのポイントは、①飼育できる環境が整っているかを実際に目で見て確認すること、②既に他のペットがいる場合は、そのペットと共存できるか確認すること、③里親候補の適性（ペットを最期まで飼うことへの意識）に違和感がないかを確認することです。

また、里親を決定したら、相手方から身分証明書のコピーをもらい、里親マッチングサイトにある譲渡契約書のテンプレートを使って、きちんと契約書を作成しましょう。それくらい慎重にことを進めないと、ペット引き渡し後にトラブルが発生するこ

とがあるので、細心の注意を払ってください。

里親探しは、想像以上に時間と労力がかかります。 一緒にいたい気持ちは痛いほどわかりますが、大切なペットのことを考えるならば、早いうちから里親探しも検討していきましょう。

残念ながら、ペットに遺産は残せません

「ペットに遺産を相続させることはできないか？」とご相談を受けることがあります。残念ながら、法律上、ペットは「物」として扱われてしまうため、遺産を相続させることはできません。

しかし、**「ペットのお世話をし続けることを条件に、遺産を相続させる」と、条件つきの遺言書を作成し、相続人に世話を義務付けることは可能**です。このような拘束力を持たせる遺言を、「負担付遺贈」といいます。

しかし、遺言書だけでは、この約束がきちんと守られる保障がありません。**相続後に、約束が守られるかどうかを監督する係として、遺言執行者に弁護士などを就任させることも可能**です。遺言執行者は、もしも、相続した方がペットの世話を放棄していると判断した場合には、裁判所に負担付遺贈の撤回を宣言し、執行者が指定した別の方に遺産を相続させることが可能です。このような遺言書を作成する場合は、弁護士や司法書士などの専門家に相談されることをオススメします。

ちなみに、ペット保険を扱うアニコム損害保険の調べによれば、1年間にかかる飼育費の平均は犬が約36万円、猫が約16万円とのことです。ペットが高齢になるほど、治療費が高くなりますので、ペットを相続する方には、それ相応の金銭も相続させてあげてほしいところです。

〈ペットのお世話を条件に遺産をあげる負担付遺贈〉

ノートに書こう ▶ 104ページ

ぶっちゃけ16 「負の遺産」の整理法 ——生前中に必ずすべきこと

あなたは、宇宙人がいないことを証明できますか？

これは消極的事実の証明といい、別名、悪魔の証明ともいいます。それらしき痕跡がないからといって、それがないことの証拠にはなりません。「いくら痕跡がなくても、もしかしたらどこかに存在するかもしれない」という心配が、相続の現場でも起こります。それが負の遺産、つまり借金の存在です。

相続放棄のリミットは3か月！

亡くなった方に、もしも借金などの負の遺産があった場合、**相続人は、相続の開始があったことを知った日から3か月以内に相続放棄をしなければ、そのまま負の遺産を相続する**ことになります。

借金は、本人にとって誇れるものではないため、家族に存在を隠しがちです。遺された家族は、「お父さん、私たちの知らないところで借金なんてしてないわよね……」と不安になってしまうことが非常に多いのです。

亡くなった方に借金がないことを証明するのは簡単ではありません。クレジットカード系のローンであればCIC、消費者金融系であればJICC、銀行系であれば全国銀行協会へ照会をかければ、亡くなった方に借金があるかどうかを調べることができます。しかし、亡くなった方が誰かの連帯保証人になっている場合、その有無を照会できる機関はありません。「借金はないだろう」と思って相続したら、実は、親戚が経営する会社の連帯保証人になっており、ある日突然、相続人に多額の借金の督促が届く、なんてことも現実に起こっています。

「借金のない人」が今すぐすべきこと

あなたに借金がないことの証明を、家族が行うのは難しいですが、今のあなたであれば簡単にできるはずです。**負の遺産がない方は、必ず、このノートの90ページに、「20XX年X月時点において、私に借金などの負の遺産は一切ありません」と書いておきましょう。** この一文があるだけで、家族は安心して相続手続を進めることができます。

現在、借金などがある方は、誰から、いくら借りているのかをわかるように記載しておきましょう。仮に借金があったとしても、トータルでプラスの財産のほうが多ければ、相続人たちは、相続放棄せず、負の遺産も相続して、あなたの代わりに返済することを選択する可能性が高いです。

負の遺産は、正の遺産と異なり、誰が相続（承継）するかに特別なルールが存在します。通常、正の遺産は、遺言書があれば遺言書の通りに分け、遺言書がなければ相続人全員での話し合いで分け方を決めます。

しかし、**負の遺産は、法定相続分（配偶者2分の1、子供が残りの2分の1を均等に相続）で分けるのが第一原則。**債権者（お金を貸している人）と相続人全員の同意があれば、特定の相続人に承継させることも可能、というルールです。

ちなみに住宅ローンの場合は、団体信用生命保険に加入済みであれば、亡くなった時点の残債は免除されるので問題ありませんが、それであっても、免除手続は必要になるので、契約書関係や情報は一つにまとめておきましょう。

昨今、住宅ローンを利用して購入した物件を、金融機関に無断で賃貸に出す方がいますが、相続手続の際に発覚し、一括弁済を求められることもありますので、そういったことはやめましょう。

負の遺産がとても多かったら？

正の財産よりも負の財産が多い方であれば、あなたが亡くなった時に、家族に相続放棄するように伝えておきましょう。その場合、最も気をつけなければいけないのは、**相続発生後、あなたの遺産を葬儀費用以外で少しでも使ってしまうと、相続放棄ができなくなってしまうことです。**勝手に遺品整理などをしてしまうと、相続を承認したとみなされて、借金もすべて承継することになりますので、その点だけは事前に伝えておかないといけないですね。

葬儀費用は誰が払う？　香典は？

葬儀にかかった費用は、遺言書で指定がある場合や、故人があらかじめ葬儀社と契約をしていた場合を除き、相続人が話し合いで負担する人を決めることになります。折り合いがつかない場合は、家庭裁判所の審判で決めることになりますが、喪主が負担する形に落ち着くことが多いです。

ちなみに香典は喪主のものです。時には香典が葬儀代を上回ることもありますが、法律上、香典は遺産分割協議の対象にはならないため、他の相続人が喪主へ香典を分けるよう要求することはできません。

被相続人

正の遺産（預金etc.）
1000万円

負の遺産（借金etc.）
3000万円

相続人

相続放棄しておけばよかった

1円でも遺産を使うと、相続放棄できなくなるので注意！

ノートに書こう　90、106、108ページ

第3章 相続・贈与を考える

ぶっちゃけ 17 相続の基礎知識——遺産はどう分ける？

相続争いの原因は、その家庭の事情によってさまざまですが、実は、多くの家族が陥りがちなパターンが存在します。皆さん知らず知らずのうちに、似たような理由から、相続争いに発展していくのです。

そして、このパターンには、争いを未然に防げる処方箋が存在します。第3章では、相続争いになる代表的なパターンと、その対策をご紹介していきます。これらを知ったうえで、円満相続につながる終活を始めていきましょう。

遺産分けの2つのルール

あなたが亡くなった時、遺産をどのように分けるかには2つのルールがあります。それが、遺言書がある場合のルールと、遺言書がない場合のルールです。**遺言書があれば、原則として、遺言書の内容の通りに遺産を分けることになります。**

一方、**遺言書がない場合は、相続人全員での話し合いで遺産の分け方を決めます**（この話し合いのことを遺産分割協議といいます）。

遺産相続のよくある誤解とは？

ここで誤解が起こりやすいのは、法定相続分についてです。「遺産は配偶者が2分の1、子供が残りの2分の1を均等に分ける」という話を聞いたことはありませんか？ これは、法定相続分といって、遺産の分け方の目安として国が定めたものです。ただ、この法定相続分は、あくまで"目安"なので、**相続人全員が同意をすれば、この割合に縛られることなく、自由に分け方を決めることができます。** 例えば、配偶者がすべて相続し、子供はゼロ円であっても、全員が同意をしていればOKです。"法定"という文字がついているので、「法定相続分で分けないと、法律違反なのでは？」と思い込んでいる方が多いのですが、それは完全に誤解です。

配偶者は必ず相続人になる

相続人は誰になるかというと、まず、どのような家族構成だったとしても、配偶者は必ず相続人になります。そして子供がいれば、子供も相続人になります。この場合の法定相続分は配偶者が2分の1、子供が2分の1。子供が2人以上いる場合は、2分の1を均等に分けます。

もし、亡くなった方に子供がいないなら、相続人は配偶者と直系尊属（親や祖父母）になります。この場合の法定相続分は配偶者が3分の2、直系尊属が3分の1です。そして、子供がおらず、両親や祖父母も他界している場合は、兄弟姉妹が相続人にな

ります。法定相続分は、配偶者が4分の3、兄弟姉妹が4分の1です。

相続人全員が同意をすれば、法定相続分に縛られず、自由に分け方を決めることができますが、裏を返せば、**1人でも分け方に同意しない相続人がいるなら、話し合いはまとまらず、遺産分割調停や審判を経て、最終的には法定相続分で分ける**ことになります。このような心配のある方は、64ページで解説している遺言書を作成しておくことをオススメします。

また、実は、相続税は遺産の分け方次第で何倍にも変わることがあります。相続税の負担が軽くなる分け方と、重くなる分け方が存在するのです。そのため、お気持ちだけでなく、相続税の負担まで鑑みて分け方を決めていくのがオススメです。その辺りのポイントは52ページからお伝えしていきますね。

配偶者に認知症の心配がある時は？

あなたが亡くなった時、相続人である配偶者が認知症を患っており、遺産分割協議に参加することができない場合には、38ページで解説した成年後見制度の利用が必要になります。

「家族だから誰も文句は言わないでしょ」と、子が認知症の母の代わりに署名押印をして遺産分割協議書を作成してしまうこともありますが、そういった行為は後々問題になる恐れがあるので、オススメできません。**相続人の中に認知症や寝たきりの方がいる場合には、遺言書を作成しておくことで、遺産分割協議の必要性をなくしておくことが大切**です。専門家に相談しながら、早めに着手しましょう。

〈遺産配分の目安〉

子供がいる場合　配偶者は必ず相続人　配偶者 1/2　子供 1/2を人数で分ける

子供がおらず、父母がいる場合　 2/3　父母 1/3を人数で分ける

子供、父母等（直系尊属）がおらず、兄弟姉妹がいる場合　 3/4　兄弟姉妹 1/4を人数で分ける

ぶっちゃけ 18 親の介護をした子と、しなかった子の間で起こる相続争い

最も多い相続争いの原因の一つに、親の介護をした相続人と、しなかった相続人との衝突があります。 親の遺産が欲しいから介護をするわけではありませんが、やはり、生前中、献身的に介護をしてきた以上、そうでない人よりは金銭面で報われたい気持ちを抱くのも自然なことなのかもしれません。しかし、あなたが何かしらの対策を講じずに亡くなった場合、遺産は法定相続分で分けることになります。

法律上、親の介護を献身的に行った相続人は、遺産を多く相続できる"寄与分"という制度があります。しかし、実際には、寄与分が認められるためのハードルが極めて高く、ほとんど認められることはありません。また、認められたとしても、多くの場合、本人たちが望む金額よりもはるかに少額しか認められないのです。

介護してくれた家族に財産を多く遺す方法

あなたがお元気なうちであれば、遺言書を遺す、生前贈与で財産を先に渡す、生命保険の受取人に指定しておくなどの方法で、介護をする家族に多くの財産を遺してあげることも可能です。しかし、**認知症などを発症してしまうと、その後に行った契約行為は、すべて無効とされる恐れがありますので、注意**してください。

非常によくあるトラブルは、親が認知症になってしまった後、同居していた子供が、親の通帳から介護費用という名目で預金を引き出して、その一部を自分の懐に入れてしまうケースです。先述した介護の苦労を救済するための寄与分が、法律上、うまく機能していないことが一つの要因と考えられます。

もしも、あなたが何も対策をしないまま、認知症を発症してしまった場合、遺言書の作成も生前贈与もできなくなります。介護をした相続人の苦労が報われるためには、相続が発生した後、他の相続人よりも遺産を多く相続することに納得してもらうか、家庭裁判所で寄与分を主張する以外に方法はなくなってしまいます。

しかし、他の相続人は納得する様子もなく、寄与分が認められるのも難しいということが事前にわかれば、介護を献身的に行っている家族は、横領する以外に自分の苦労を埋め合わせる方法がないのです。

お金の管理を家族に任せる時の注意点

このような事態を避けるためにも、**通帳の管理を家族に任せる場合は、「①いつ、いくらの現金を引き出したか、②その現金を何に使ったか」を記録に残しておくことをオススメ**します。例えば、1冊のノートの左側のページに現金を引き出した日付、金額、使い道をメモし、右側のページにレ

シートを糊やホチキスで貼っておく。これくらい簡単な形でも、横領をしていないことの立証には十分な効果を発揮します。

また、トラブル防止のため、あなたの通帳そのものを預けるのではなく、ある程度まとまったお金（数百万円）を、介護してくれる家族の銀行口座に移しておくのも有効です。年間110万円を超えたとしても、これは生前贈与ではなく、あくまで預けているだけなので、贈与税が課税されることはありません。この場合も、使途がわかるように領収書を残しておきましょう。

預金通帳をめぐるトラブル

「預金通帳さえ処分してしまえば、何にどれくらいのお金を使ったかはわからない」と安易に考えている方がいますが、**あなたが亡くなった後、相続人は単独で（他の相続人の同意は必要とせず）、あなたの預金通帳の取引履歴を10年分取得することが可能**です。取引履歴を取得すると、生活費としては高額すぎる現金引き出しや、特定の相続人に対する生前贈与などが表面化し、今まで秘密にしようと思っていたことがすべて明るみに出て、家族内に深刻な疑心を生じさせることがあります。過度に気にする必要はありませんが、通帳の履歴は死後に明るみに出る可能性があることを理解しておきましょう。

今はお元気で、「子供の世話にはならない！」と思われている方も多いと思います。実は、**相続トラブルが起きやすいのは、一次相続（夫婦の内、どちらか一方が亡くなること）よりも、二次相続（遺された配偶者が亡くなること）のタイミング**です。今は夫婦2人で暮らしている方も、あなたが亡くなり、配偶者が1人になったタイミングで、子供と同居を始めることが多いのです。その辺りのライフプランも鑑みて、この論点を考えてもらえるとよいと思います。

ぶっちゃけ19 相続争いの大半が「普通の家庭」で起きる理由

よくある相続争いのパターンとして、**実家を相続する子供VS相続しない子供**も挙げられます。例えば、あなたが4000万円の自宅と1000万円の預金を持っていたとします。そして、長女には自宅を、長男には預金を相続させると伝えていました。この状態であなたが亡くなってしまうと、長男は「姉が4000万円で、僕が1000万円なんて納得できない！ 遺産分割協議書に印鑑は押さない」と相続争いに発展します。「相続争いはお金持ちだけの話」と思われがちですが、決してそのようなことはありません。2021年に起こった相続争いの調停・審判は1万3447件。このうち遺産分割を巡る争いでは、遺産額1000万円以下が32.9％、1000万円超5000万円以下が43.8％。

つまり**相続争いの8割近くが遺産5000万円以下の「普通の家庭」で起きています。**「財産がたくさんある家庭」が揉めると思われがちですが、それは間違いです。揉めるのは「バランスが取れるだけの金銭がない家庭」です。

実際によくある事例

先ほどの場合、解決策の一つとして、代償分割が挙げられます。長女が4000万円の実家を相続する代わりに、長女は、元から持っている自分の預金から1500万円（これを代償金といいます）を長男に渡します。これで長女は4000万円－1500万円＝2500万円、長男は1000万円と長女からもらう1500万円の合計2500万円を相続する形になり、公平になります。「長女が長男に払う1500万円に贈与税がかかるのでは？」と心配される方がいますが、これはあくまで相続の中で行われる調整にすぎませんので、贈与税がかかることはありません。お互い2500万円の財産を相続したものとして、相続税が計算されます。

ただ、**代償分割は、自宅を相続する相続人に潤沢な財産がなければできません。** お互いが合意をすれば、代償金の分割払いも認められますが、支払いが途中で滞ってしまうリスクもあるので、安易に選択しないほうが賢明かもしれません。

不公平な相続は許さず、代償分割も選択できない場合は、自宅を共有相続する形を選ぶことになります。自宅の所有権を長男と長女で半分ずつ相続し、預金も半分ずつ相続すれば、完全に公平になります。ただ、この自宅に住むのは長女で、長男は住まない場合、長男は自宅の権利から何の恩恵も受けることはできません。

しかし、その状態であっても、将来的に、長男と長女が自宅を売却する選択をすれば、売却代金は折半され、お互いに禍根は残りません。しかし、長男は早く売りたいのに、長女は住み続けたい、と意見が衝突してしまうと困ってしまいます。長男は、長女に持分の買い取り請求をしたり、持分だけを

第三者に売却したりすることも可能です。共有相続を選ぶ場合は、将来的に売却する予定なども確認したいところです。

「不動産の評価」は本当に難しい

先ほど、「自宅は4000万円の価値」と言いましたが、この価値を見積もるのが実際にはなかなか大変です。不動産にはさまざまな評価額が存在しますが、実際の換金額と大きな差があります。特に、一戸建ての建物部分は、固定資産税評価額は200万円〜300万円になったとしても、実際の売却査定額はゼロ円、解体費用に300万円近くかかることもあるので、実質的にマイナス300万円の価値と見ることも可能です。また、逆のパターンとして、あなたが生前中にリフォームをしている場合、「リフォーム代金も自宅の価値としてカウントするべきだ」という議論もよく起こります。まずは、家族みんなが納得する自宅の価値を明確にしたいところです。

自宅の価値と同じくらいの財産がない場合は、相続争いが起こりやすい財産構成であることを自覚しましょう。遺言書の付言事項に、**「不動産がある以上、完全に公平にすることは難しいが、どうか家族仲良く、円満に相続してほしい」**と書いておくことが、争い防止に有効な一手となります。

ぶっちゃけ20 生前贈与は遺産の前渡し！お盆や正月にやるべきこと

あなたが特定の子供にだけ生前贈与をすると、あなたが亡くなった後に、相続争いに発展する恐れがあります。**民法上、生前贈与で渡した財産は、"遺産の前渡し"として扱われ、相続が起きた時に調整する必要があります。**これを「特別受益の持ち戻し」といいます。

例えば、もともと1億円の財産を持っている方が、長女に2000万円を生前贈与し、財産が8000万円の状態で亡くなったとします。相続人は長女と長男の2人です。この場合、長女は既に2000万円の特別受益を受けていますので、遺産8000万円は、長女が3000万円、長男が5000万円を相続することになります。

このような法律上の取り扱いがあることを知っている人は多くなく、「贈与と相続は別物でしょ？」と思われがちです。しかし、特別受益という制度がある以上、生前贈与をするなら将来の争いにならないよう、配慮する必要があります。

どんなに隠してもバレてしまう理由

特別受益に時効は存在しませんので、それが何十年前の贈与であったとしても、持ち戻しの対象になります。ただ、すべての贈与が特別受益になるわけではなく、「親族間の扶養的金銭援助を超えるもの」と位置付けられています。代表例でいえば、子供が家を買う時の頭金の援助が挙げられます。

他にも、結婚の際の持参金や支度金、大きな偏りのある学費（子供のうち、1人だけを医学部に進学させた場合等）も、特別受益とされる傾向にあります。また、贈与ではありませんが、親の土地に子が家を建て、地代を払っていない場合には、更地価額の1～3割の特別受益と認定される可能性があります。※親子間の土地の貸し借りで地代を収受する場合には、複雑な課税関係が生じるので事前に税理士に相談してください。

「偏った贈与をしても、他の子供に黙っておけば、バレないだろう」と甘く考えている方が多いのですが、前述した通り、あなたが亡くなった後、相続人は、あなたの預金通帳の履歴を10年分取得できるようになります。また、相続税申告が必要な場合は、税務署の人たちも過去に贈与がなかったかを調べます。**贈与は、あなたが亡くなった後に明るみに出る可能性が高いのです。**

偏った贈与を巡るトラブルは後を絶ちません。特に現金で行われた贈与は、証拠がないため、「私は母からお金なんてもらってない！」「いいや、母はあなたにお金をあげたと言っていた」と水掛け論が発生しがちです。ちなみに、**特別受益は、特別受益があったと主張する側に立証責任があります**ので、「故人から、そのように聞いて

いた」というレベルの根拠では、特別受益と認定されない可能性が高いです。無用な争いを防ぐためにも、贈与は現金ではなく、銀行振り込みを利用し、きちんと履歴が残るようにすることをオススメします。

お盆や正月にやったほうがいいこと

特定の子供にだけ贈与を行う場合でも、その趣旨が、例えば「一緒に住んで介護を献身的にやってくれているから」といった理由があれば、他の子供たちからも納得感が得られやすいはずです。その想いは、**家族が集まるお盆やお正月に、家族全員へ伝えておくのもオススメですし、遺言書の付言事項に書いておくのも一つの手**です。

また、特別受益には、「持ち戻し免除の意思表示」という制度があります。これは、「贈与をするけど、私が亡くなってしまった時は、特別受益の持ち戻しをしなくていいですよ」という意思表示をしておくと、法律上、それが有効となり、結果として、特別受益の問題をなくすことができるものです。この意思表示は、書面である必要はなく、口頭だけでも有効とされています。しかし、口頭での意思表示だと、言った言わないの水掛け論になるのが自明ですので、**贈与をする際に、贈与契約書に持ち戻し免除の意思表示も記載しておく方法がオススメ**です。

生前贈与は、生前中に子供や孫たちの喜ぶ顔が見え、相続税対策にもなるのですが、将来の争いの種になりやすいので、注意しましょう。

ノートに書こう ▶ 116ページ

ぶっちゃけ21 これさえ知っていれば怖くない！相続税の基礎知識

あなたが亡くなると、その遺産を相続した方に相続税が課税されるかもしれません。

誤解している方が多いのですが、実は、相続税は誰にでもかかる税金ではなく、一定額以上の遺産を遺した人にだけかかる税金です。その一定額のことを基礎控除といい、**「3000万円＋600万円×相続人の数」という計算式で計算**します。例えば、夫が亡くなり、相続人は妻と子供2人の場合、相続人は3人なので、基礎控除は4800万円です。夫の遺産が4800万円を超えていれば、その超えた部分に対して相続税が課税されることになります。

遺産の合計額が基礎控除を超えた場合、相続人は相続税の申告が必要になります。

期限は相続があったことを知った日の翌日から10か月以内。 6月15日に亡くなった場合、翌年の4月15日が申告期限です。2024年現在、日本全国で100人亡くなったとすると、相続税申告が必要になるのは約10人。裏を返せば100人中90人の方に相続税はかからないことになります。

まずは、あなたが所有している金融資産や不動産の相続税評価額を集計し、基礎控除を超えるかどうか知っておきたいところです。それ次第で、とるべき終活も変わってきます。というのも、**相続税は遺産の分け方次第で、何倍にも変わる税金**だからです。この性質があるため、あなたのお気持ちだけで遺言書作成などを進めてしまうと、

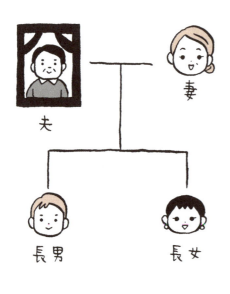

基礎控除
3000万円
＋
600万円×3（相続人の数）
＝4800万円

この場合、遺産合計額が4800万円以下なら、相続税はかかりません！

いざ相続が起きてから「お父さんの気持ちはわかるけど、このままだと相続税がとんでもなく高くなってしまう……」と、家族が困ってしまうことにもなりかねません（実際、このような相談を非常に多く受けています）。

相続税は、あくまで税金に過ぎませんので、あなたのお気持ちを最優先で考えるべきですが、実は、相続税を高くするか安くするかのポイントは２つしかありません。この２つのポイントさえ意識しておけば、相続税が非常に高くなる事態は避けられますので、ぜひ、しっかりと押さえていきましょう（54ページ、56ページ参照）。

ちなみに、土地の相続税評価額は、誰でも簡単に算出できるよう、路線価方式という方法により計算することとされています。土地が面している道路の路線価（国が日本の主な市街地の道路一本一本に振っている値段）×土地の面積が、その土地の評価額になります。インターネットで、路線価と検索すれば出てきますので、気になる方は、見てみましょう。家屋の相続税評価額は、固定資産税の納税通知書に同封されている課税明細書に記載されている固定資産税評価額を使います。

図表5 【相続税早見表】相続人が配偶者と子供の場合

財産額（基礎控除前）	子供の数			
	1人	2人	3人	4人
5000万円	40万円	10万円	0円	0円
6000万円	90万円	60万円	30万円	0円
7000万円	160万円	113万円	80万円	50万円
8000万円	235万円	175万円	137万円	100万円
9000万円	310万円	240万円	200万円	163万円
1億円	385万円	315万円	262万円	225万円
1億5000万円	920万円	748万円	665万円	588万円
2億円	1670万円	1350万円	1217万円	1125万円
2億5000万円	2460万円	1985万円	1800万円	1688万円
3億円	3460万円	2860万円	2540万円	2350万円
3億5000万円	4460万円	3735万円	3290万円	3100万円
4億円	5460万円	4610万円	4155万円	3850万円
4億5000万円	6480万円	5493万円	5030万円	4600万円
5億円	7605万円	6555万円	5962万円	5500万円

※配偶者が財産の２分の１を相続すると仮定した場合

ぶっちゃけ 22 相続税が8割引き！小規模宅地等の特例を使おう

相続税を高くするか安くするかのポイントの1つ目は、"あなたが住んでいる自宅を誰に相続させるか"です。**亡くなった方が自宅として使っていた土地は、配偶者か、亡くなった方と同居していた親族が相続すると、8割引きの評価額で相続税を計算できる**特例があります。これを小規模宅地等の特例といいます。

この特例が使えれば、例えば5000万円の土地でも、1000万円として相続税を計算できます。結果として、相続税の基礎控除を下回り、相続税がゼロ円になることも珍しくありません（ただしこの場合、相続税申告は必要です）。

小規模宅地等の特例は、"小規模"と言っている通り、**適用できる面積に制限があります。それは330m²、約100坪です。**ただ、330m²を少しでも超えたら使えなくなるわけではなく、330m²部分までが8割引き、それを超える部分は通常の評価額で計算されます。なお、この特例は、土地部分にだけ使えますので、分譲マンションにお住まいの場合は、土地（敷地）をマンションの所有者全員で按分して所有しているため、戸建て住宅よりも恩恵が少なくなる傾向にあります。

特例を使う時の注意点

自然な流れで特例を使うには、夫婦のいずれかが亡くなった時（一次相続）には、自宅は配偶者に相続させ、その配偶者が亡くなった時（二次相続）には、その時に一緒に住んでいた親族に自宅を相続させます。そうすることで、一次相続・二次相続の両方で小規模宅地等の特例を使うことが可能です。このことから、あなたがお元気なうちは夫婦仲良く2人で暮らし、夫婦のいずれかが亡くなったら、夫婦の間で自宅を相続させ、将来的に自宅を引き継ぐ子供と同居を始めるのもいいかもしれません。

ちなみに、同居している親族が特例を使うためには、「何年以上同居を続けていなければいけない」という要件はありません。極端な話、亡くなる直前から同居を始めてもOKです。しかし、**亡くなった後10か月間は、その自宅に住み続けることが要件**なので、特例を狙って一時的に同居する、ということはできません。また、同居をしていたかどうかは住民票だけで決めるわけではなく、**実際に同居の実態があったかどうかで判定されます。**住民票を移し、実際に同居しているのが理想ですが、住民票が移っていなくても、同居の実態を税務署にきちんと説明できれば特例を適用できます。逆に、住民票は同じでも、同居の実態がなければ特例は使えませんので注意しましょう。

また、あなたが老人ホームに入居した場合、終の棲家は老人ホームに移ったことになるため、特例が適用できなくなる恐れが

あります。

ただ、介護が必要なための入居であり、入居後に旧自宅を賃貸等に供していなければ、特例を使うことが可能です。同居親族が特例を使う場合には、老人ホームに入居する前に同居していることが要件なので、注意しましょう。

知っておきたい「家なき子特例」

二次相続の時（元から配偶者がいない場合も含む）に、一緒に住んでいる相続人がいない場合には、3年以上借家暮らしをしていた親族が自宅を相続しても、小規模宅地等の特例を使うことができます。この取り扱いを税理士業界の中では、"家なき子特例"と呼んでいます。家なき子特例は、本当は親と同居し続けたいのに、会社の転勤命令などによって別居を余儀なくされている最中に、相続が発生してしまった方を救済するための制度です。

ただ、転勤などではなく、純粋に借家暮らしをしていた方にも使うことができる制度ですので、要件を満たす相続人がいれば、家なき子特例まで視野に入れて、将来、自宅を誰に相続させるかを考えてみるのもいいかもしれません。

地価の高い地域で戸建て住宅をお持ちの方であれば、特例が使えるかどうかで、相続税が何百万円、何千万円と変わることがあります。必ず事前に押さえておきたいポイントですね。

ぶっちゃけ23 1億6000万円の節税ノウハウ活用法

相続税を高くするか安くするかのもう1つのポイントは、"夫婦の間でどれだけの財産を相続させるか"です。**夫婦の間で相続する財産は、最低でも1億6000万円まで相続税を課税しない、**配偶者の税額軽減という特例があります。この特例があるので、夫婦間で相続税が発生することは多くありません。

所有している財産が1億6000万円以下の方であれば、全財産を配偶者に相続させれば、実は相続税はゼロ円になります(この場合でも、相続税申告は必要です)。しかし、結果として、この分け方が、相続税を最も高くしてしまう恐れがあるのです。

子供がいる家庭は要注意!

その理由は二次相続にあります。実は、相続税は一次相続よりも二次相続のほうが、圧倒的に割高で計算されます。それは、**相続税は相続人が多くなるほど安くなり、相続人が少なくなるほど高くなる性質があるから**です。二次相続は、一次相続と比べて相続人の数が1人少なくなるため、二次相続でまとめて子供に遺産を相続させようとすると、相続税が非常に高額になってしまうのです。

具体的な数字を使って見ていきましょう。父(財産1億5000万円)、母(財産5000万円)、子供2人の4人家族がいるとします。一次相続(父)で全財産を子供が相続した場合には、一次相続の相続税は1495万円、二次相続(母)の相続税は80万円の合計1575万円となります。

一方、一次相続で全財産を母が相続した場合には、一次相続の相続税はゼロ円、二次相続の相続税は3340万円、つまり合計3340万円となります。その差は2倍以上です(次ページの図表6参照)。

二次相続がいかに割高に計算されるか、おわかりいただけたでしょうか。相続税の計算方法を詳しく知りたい方は、拙著『ぶっちゃけ相続【増補改訂版】』をご参照ください。

相続税の負担を抑えるには?

相続税の負担を抑えたいのであれば、あなたの財産と、配偶者が所有している財産の評価額を算出し、夫婦間で相続する割合ごとにシミュレーションを作成するのがオススメです。**夫婦がお互いに、相続税の基礎控除を超える財産を所有している場合には、配偶者へ相続させる割合を少なくしたほうが有利になる**傾向があります。

ただ、このシミュレーションは、一次相続が発生した後、すぐに二次相続が発生することが前提になっています。実際には、男性よりも女性のほうが長生きする傾向にありますので、一次相続が起きてから二次

相続が発生するまでの間に相当な期間が生じることが多いです。その期間のうちに、配偶者がたくさんお金を使ったり、生前贈与で親族に財産を渡したりすれば、二次相続の相続税負担を抑えることが可能です。それを鑑みれば、**一次相続では配偶者が安心して暮らしていけるだけの財産に、贅沢する分、生前贈与をしていく分の財産をプラスして、相続させる**のもいいですね。

ただ、夫婦の財産は夫婦で協力して築き上げたものです。「子供たちが負担する相続税が高くなってしまっても、全財産を配偶者に相続させてあげたい」というお気持ちも、とても素晴らしいと思います。一つだけ言えることは、「夫婦の間では1億6000万円まで相続税がかからないから、配偶者にすべて相続させるのが一番得」という話は、必ずしもそうとは限らないということです。

相続税に強い税理士の見極め方

相続税は遺産の分け方次第で何倍にも変わる税金ですので、計算を依頼する税理士は慎重に選びたいところです。**相続税に強い税理士であれば、第一に、相続税の負担を最小限に抑えた遺産分割方法の提案があるはず**です。その提案を土台にし、相続人全員の想いを反映させて、最終的な分け方を決めていきます（その他の見極め方は、前掲の拙著に書いています）。一人の税理士だけでなく、複数の税理士と話して、「この人だ！」と思える税理士を選びましょう。

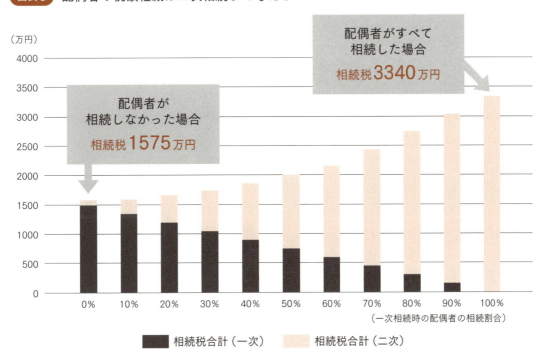

図表6　配偶者の税額軽減は二次相続まで考える

ぶっちゃけ24 知らないと絶対損する！2024年からの生前贈与対策

相続税対策の王道は、生前贈与です。シンプルな話、あなたが生前贈与で財産を先に渡してしまえば、その分、あなたが亡くなった時の財産が少なくなり、結果として相続税も減少します。ただ、無制限に生前贈与ができてしまえば、真面目に相続税を払う人がいなくなってしまいます。そこで、一定額を超える生前贈与に贈与税を課すことで、相続税を補完しているのです。

贈与税の基本ルール

贈与税は、年間（1月1日～12月31日）にもらった金額が110万円を超える場合に課税されます。 例えば、父から長男に110万円、母から長男に110万円の生前贈与をした場合、長男がもらった金額は220万円になるため、贈与税がかかります。一方で、父から長男に110万円、父から長女に110万円を贈与した場合には、それぞれもらった金額が110万円以内であるため、贈与税はかかりません。

生前贈与は、相続人以外にも行うことが可能です。あなたのお孫さんや、お世話になった親戚、友人にも可能です。

ちなみに、生前贈与でもらった財産に、住民税や社会保険料がかかることはありませんし、もらった方の勤め先に知られることもありませんので、ご安心ください。

なお、相続人に対する生前贈与は、原則として特別受益（50ページ参照）になるため、相続人同士のトラブルにならないように注意しましょう。

生前贈与は、大切な人の喜ぶ顔が見え、相続税の負担も減少させることができ、社会の景気促進にも寄与するのでよいことがたくさんあります。しかし、ここで覚えておいていただきたいのが、生前贈与の7年ルールです。

「7年ルール」に要注意！

実は、亡くなる前7年以内に行った生前贈与で渡した財産は、あなたが亡くなった時の相続税の計算に含めなければいけません。つまり、**相続税を減らす効果は、生前贈与をしてから7年経過しないと生じない**ということです。ちなみに2023年までは7年ではなく3年でしたが、2024年1月1日以降に行う生前贈与は7年に期間延長されています。

ただ実は、このルール、将来、相続や遺贈によって財産を取得する方への生前贈与が対象で、相続人ではない方に対する生前贈与には、原則として適用されません。この性質に着目して行われるのが、孫への生前贈与です。孫は、原則として相続人ではありませんので、極端な話、**あなたが亡くなる1日前に孫へ110万円の贈与をすれば、贈与税も相続税も課税されない**ことになり

ます。お孫さんがいる方は、積極的に検討してもいいかもしれませんね。

他にも意外と知られていない非課税贈与があります。それは扶養義務者から、生活費や教育費として行う生前贈与です。これらの贈与は、年間110万円を超えたとしても、贈与税は非課税とされています。ただし、生活費や教育費が必要な都度、行われたものに限定されますので、「孫の大学費用を4年分、一括して贈与する」といった場合には、贈与税が課税されます。教育費を一括して先に贈与したい方は、教育資金の一括贈与の特例がオススメです。

なお、ここでいう扶養義務者とは、親子の関係だけでなく、孫と祖父母の関係も含まれます。そのため、祖父が孫の教育費を負担したとしても、それが必要な都度行われたものであれば、贈与税は非課税になります。あなたのお孫さんが大学に進学する際、入学金や授業料をあなたが負担してあげれば、子供の経済的な負担を和らげ、お孫さんにも喜ばれ、相続税の負担を抑えることも可能ですので、とてもオススメです。なお、教育費という名目で贈与された金銭が、実際には株式や投資信託などの購入に充てられているような場合には、贈与税が課税されますので注意しましょう。

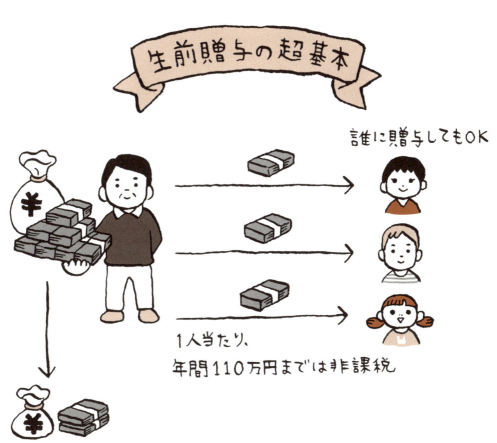

ぶっちゃけ25 税務署はあなたの「名義預金」を狙っています

「相続税なんて正直に払う必要はない。現金にして隠してしまえば税務署もわかるはずがない」と考える方がいますが、その考えは非常に危険です。相続税を意図的に逃れようとした人に対しては、高確率で税務調査が行われます。「税務調査なんて一部のお金持ちだけの話でしょ？」と思われがちですが、決してそうとも言えません。

2020〜2023年頃はコロナの影響で税務調査の件数が減少していましたが、それ以前は、すべての相続税申告のうち、約10％に税務調査が行われ、約12％に税務調査ほど厳しくない行政指導が行われていました。税務調査と行政指導をあわせると、**相続税申告の4〜5件に1件の割合で税務署から指摘を受けていることになります。**そして、そのうちの**約9割の方に追徴課税（追加で相続税を支払うこと）**が言い渡されています。

国は、あなたの財産額を知っています

税務調査に選ばれるのは、財産額が大きい方だけではありません。実は、国税局は、日本国民全員が、だいたいどれくらいの財産を所有しているかという情報を、超巨大なデータベースで管理しています。これをKSK（国税総合管理）システムといいます。調査に選ばれるのは、このKSKに登録されているデータと、申告した財産額に大きな差がある人です。例えば、**「KSKには2億円ほどの財産を所有していると登録されているのに、申告した財産額は5000万円だけ」という人がいれば、間違いなく税務調査に選ばれます。**

税務署は「怪しい」と目を付けると、亡くなった方と、その家族の預金通帳の取引履歴10年分を銀行から取り寄せ、机上調査を進めます。そこで、生活費にしては多すぎる現金引き出しの形跡や、家族への年間110万円を超える送金の履歴を発見し、相続税や贈与税を追徴課税できる見込みが高いと判断した家庭に対して税務調査が行われます。このようなプロセスであるため、お金持ちでなくても税務調査に選ばれることはよくありますし、一度目を付けられれば、プロの目を誤魔化すことはできないのです。

名義預金の重要ポイント

相続税の税務調査で最も問題になるのは、名義預金です。これは、子や孫名義の口座にある預金であっても、その預金の存在を子や孫に伝えていなかった場合などには、実質的に亡くなった人の預金であるものとして、相続税の課税対象にされることをいいます。

名義預金の判定は、主に、❶贈与契約が成立しているか（お互いに、「あげる」と

「もらう」の意思表示がされ、合意できているか）、❷もらった人が自分で自由に使うことができる状態であったかどうか、の**2点**です。例えば、孫名義の通帳に、積立貯金をしていたけど、そのことを孫本人は知らなかったようなケースでは、❶も❷も満たさないため名義預金と認定されます。また、孫本人は祖父が自分名義の通帳に贈与で積立貯金をしてくれていることを知っていたとしても、そのお金を使うには祖父の許可が必要であったような場合も、❷を満たさないため名義預金と認定されます。

名義預金の問題を防止するには、贈与の都度、贈与契約書を作成し、通帳・印鑑・キャッシュカードの管理は、贈与を受けた人にしっかりと行わせることです。なお、未成年者に対する贈与の場合は、親権者が贈与契約書に署名押印すれば、通帳管理などを行って問題ありません。

相続税の税務調査は、皆さんが考えている以上に厳しいものです。不安のある方は、早めに相続税に強い税理士に相談しておきましょう。

税務調査に強い税理士の特徴

相続税を得意としている税理士であれば、申告書を作成する段階で、亡くなった方の過去10年分の預金通帳を預かり、多額な現金引出しや家族間の資金移動がないかをチェックします。さらに、書面添付制度といって、税理士が税務署に対して、「この納税者について、以下のことを確認しました」とお墨付き書を添付して申告する制度を使います。相続税の負担を抑えることだけでなく、万全な税務調査対策をしてくれる税理士がオススメです。

ノートに書こう ▶ 76、116ページ

ぶっちゃけ 26 相続を相談すべき専門家とは？

相続にまつわる悩みを相談できる専門家は、弁護士、司法書士、行政書士、税理士などさまざまです。悩みを細分化したうえで、相談すべき専門家を選びましょう。私がオススメする最初に相談すべき専門家は、以下の通りです。

①家族仲が悪く、相続争いが起こりそう
　➡ 弁護士
②家族仲は良好だが、相続税申告が必要
　➡ 税理士
③家族仲は良好で、相続税申告も必要ない
　➡ 司法書士 or 行政書士

現在日本には、法律の専門家と呼ばれる国家資格として、弁護士・司法書士・行政書士の3つの資格が存在します。弁護士は法律に関する仕事は基本的に何でもできますが、司法書士と行政書士には、法律に関する仕事の内、できない領域（弁護士の専門領域）があります。ただ、一般的に、弁護士があまりやらない仕事（得意ではない仕事）があります。そういった仕事は、司法書士や行政書士のほうが得意なので、司法書士や行政書士に依頼するのがよいでしょう。

まず、**相続争いが起きそうな場合、相続争いの代理人になれるのは弁護士だけ**です。もしもそういった心配があれば、弁護士監修のもと、遺言書を作成しておきましょう。

争いの心配はないものの、相続税がかかりそうな方は、初めに相続税に強い税理士に相談するのがオススメです。**相続税は、税理士の仕事の中でも、かなりニッチな領域なので得意不得意の差が出ます。** 一人の税理士の意見だけではなく、複数人から意見を聞くことで、専門力を見極めるのも一つの手です。争いもなく、相続税もかからない場合は、司法書士や行政書士に相談するのがオススメです。

司法書士と行政書士の違いは？

司法書士は、相続に関する仕事では、不動産の相続登記、各種名義変更手続の代行、成年後見などを得意としています。

また昨今、利用者が増えている家族信託（民事信託）も、司法書士の得意領域として定着しつつあります。家族信託をする際には登記が必要になるので、信託にも登記にも精通している司法書士は心強いですね。総じて、**名義変更などの相続手続全般については、弁護士よりも、普段から相続の手続業務を行っている司法書士に相談するのがオススメ**です。

行政書士は全国に約5万人いる街の身近な法律家です。相続に関する仕事では、遺言書の作成や、各種名義変更手続の代行を得意としています。司法書士との大きな違いとして、不動産の名義変更（登記）は代行できません。一方で、**司法書士は自動**

車の名義変更の代行ができませんが、行政書士ならできます。 最近では成年後見制度や、家族信託契約書の作成を得意とする行政書士も増えてきましたので、認知症対策としても心強い存在です。

銀行や証券会社に相談してもいい？

士業の他にも、銀行や証券会社、生命保険会社や不動産会社なども相続相談を受けていますが、営利企業である以上、相続対策と称して、商品やサービスの販売目的が含まれていることを念頭に置きましょう。ただ、実際に、その商品やサービスを購入することで、プラスになることもありますので、メリットとデメリットをしっかりと見極めたいところですね。

あなたに合った相談先が決まったら、その人の名刺を113ページに貼っておきましょう。起こりがちな失敗として、終活（相続対策）をしていた本人は、専門家にしっかりと相談していたにもかかわらず、その専門家の存在を家族に伝えていなかったため、本人が亡くなった後、家族は別の専門家に相談してしまい、事前に講じていた対策が無意味になってしまうことがあります。相談の段階から家族を同席させておくことがベストですが、それが難しい場合には、専門家の名刺をこのノートに貼っておき、**「私に何かあったら、この専門家に相談しなさい」と書いておきましょう。** また、遺言書の付言事項に同様のメッセージを添えておくのもオススメです。

〈相続相談は誰にすべき？〉

家族仲が悪く、相続争いが起こりそう
↓

弁護士

家族仲は良好だが、相続税申告が必要
↓

税理士

家族仲は良好で、相続税申告も不要
↓

司法書士 or 行政書士

ノートに書こう ▶ 112ページ

27 遺言書を書く前に知っておいてほしいこと

ここまで本書を読み進めてくださった方は、終活の最後の仕上げである遺言書作成を検討しましょう。遺言書を作成しておくと、相続争いの防止や、遺産の名義変更手続を簡単にしてくれるなどのメリットがあります。一方で、遺言書には強い法的効力があるので、あらかじめ、最低限の知識は備えておきましょう。

まず、遺言書には、自分が手書きで作成する自筆証書遺言と、公証人という法律の専門家が作成する公正証書遺言があります。結論からいうと、**コストがかかっても安全性を重視したいなら公正証書遺言、そうでないなら自筆証書遺言がオススメ**です。

自筆証書遺言は、紙とペンと封筒と印鑑があれば、いつでもどこでも作成できる遺言書です。ただ、手軽であるがゆえに、作成した日付、署名、押印を忘れてしまい、無効となってしまうことも多々あります。また、作成した遺言書を紛失したり、悪意のある相続人が破棄したりするトラブルも後を絶ちません。こういったトラブルを防ぎたい方は、多少の費用（だいたい1万円〜10万円くらい）がかかっても、公正証書遺言の作成を検討しましょう。

遺言書の基本的な書き方

遺言書を作成する際は、「遺産の何割を〇〇に相続させる」のような書き方よりも、「A銀行の預金は〇〇に、B不動産は△△に相続させる」といった書き方をオススメします。前者のように、**割合だけが指定されていると、その割合に達するまでの財産の内訳について、別途話し合いが必要**になります。後者の場合は、相続する財産が特定されているので、話し合いをする余地は生じず、その遺言書と、相続する人の戸籍謄本や身分証明書などだけで名義変更をすることが可能です。30ページで解説した通り、預金や株式といった金融資産は、相続させる人ごとに金融機関を分けておくと、残高や銘柄が変動しても遺言書を書き直さなくていいので便利です。

遺留分には気をつけて！

遺言書を作成する際、「〇〇は親不孝者だったので、1円も相続させない」といった、極端に偏った内容にすると、遺留分の問題が発生します。**相続人は、最低限の金額は必ず相続できるように保障される権利である、遺留分を持っています。** いくら遺言書で、「あの子はゼロ円！」と書いたとしても、遺留分として保障されている金額までは、他の相続人に請求することが可能です。**遺留分は、原則として法定相続分の半分とされています。** このような遺言書を作成したい場合は、あらかじめ弁護士に相談するのが賢明です。なお、兄弟姉妹や

甥姪が相続人になる場合、この方たちに遺留分はありません。子供も親もいない方であれば、遺留分を気にせずに「全財産を妻に相続させる」といった遺言書もオススメです。

他に遺言書を巡るトラブルとして多いのが、自分に不利な内容を書かれた相続人が、「母は遺言を書いた時点で、既に認知症になっていた！ 母の本当の気持ちではないため無効だ！」と訴えを起こすケースです。この訴えは、自筆証書遺言に対して行われることが多いですが、実は、公正証書遺言であっても無効にされた判決も存在します。**予防策としては、遺言書を作成する前後1か月以内に、かかりつけ医から「意思能力に問題なし」という診断書を取得しておくという方法**があります。

家族へ感謝の気持ちを伝えましょう

最後になりますが、遺言書には付言事項といって、家族にあてたメッセージを遺すことができます。この遺言書を作成した想いや、人生の振り返り、家族にあてた感謝のメッセージを書きましょう。ほとんどのケースで、完全に平等になるような遺言書を作成するのは難しいですが、多少のアンバランスはあっても、付言事項で「これからも家族仲良く、円満に相続することを願っています」と書いておけば、争いが起きる可能性を大幅に減らすことができます。**付言事項には法的な効力はありませんが、遺言内容の裏付けになる**ので、無効にされるリスクを減らす効果もあります。必ず、書くようにしましょう。

図表7　遺言書作成のチェックリスト

① 日付は正確か？
遺言書を作成した年月日を具体的に記載する。吉日などの表記は避ける

② 内容に間違いはないか？
二重線を引いて印鑑を押すだけでは無効に。訂正には厳格なルールがあるため、最初から書き直しがオススメ

③ 本文は手書きか？
財産の詳細（目録）はパソコン等を使ってもOKだが、本文はすべて手書き

④ 消えないペンで書いているか？
消えるボールペン等は使用不可

⑤ 押印しているか？
認印でもいいが、実印がオススメ。印鑑が手元にない場合は、拇印でも有効

⑥ 書面に残しているか？
現行法では、ビデオレター遺言や音声遺言はNG。必ず書面に残す

ノートに書こう　112、120ページ

ぶっちゃけ28 相続直後にやってはいけないこと6選

　第1部の最後に「相続直後にやってはいけないこと6選」を紹介します。相続について家族で話し合う際、ぜひ参考にしてください。

①ATMから預金を引き出す

　相続開始の直前直後に引き出した現金を、引き出した相続人が着服したと疑われ、それが原因で相続争いに発展することがよくあります。現金の使途はブラックボックス化しやすいので、どうしても引き出す必要がある場合は、領収書や金額のメモなどを残しておき、使途を明確にしておきましょう。また、相続開始直前に、葬儀費用の準備金として多額の現金を引き出すと、相続税の税務調査を誘発しやすくなるので注意が必要です（詳細は拙著『ぶっちゃけ相続【増補改訂版】』をご参照ください）。

②銀行に亡くなったことをすぐ伝える

　銀行や証券会社に亡くなったことを伝えると、その方の口座は凍結されます。預金の凍結後は、預金を引き出すことができなくなるのは当然のこと、預け入れもできなくなる点に注意が必要です。
　特に不動産賃貸業をされている方が亡くなり、急に預金が凍結されると、借主は家賃を振り込むことができなくなり、慌ててしまいます。管理会社とよく連携し、振込口座の変更の手配が済んでから、口座の凍結をされることをオススメします。ちなみに、役所に死亡届を出しても、その情報が銀行に伝わることは、まずありません。また、1つの銀行に死亡の事実を伝えても、銀行同士で、その情報を共有することはありませんが、同じ系列の証券会社には情報が共有されることもあります。

③遺言書をすぐに開封する

　封筒に入った自筆証書遺言を発見してもすぐに開封してはいけません。家庭裁判所での検認手続が必要になります。検認をせずに開封してしまうと、5万円以下の過料を科せられる恐れがあります。なお、公正証書遺言や、自筆証書遺言の法務局保管制度を利用している場合は、検認手続は必要ありません。

④戸籍を早く取りすぎる

　死亡届を役所に提出しても、戸籍に死亡の事実が記載されるまでには、1〜2週間ほど時間がかかります。早く取りすぎてしまうと、戸籍を取り直さなければいけない事態になることがあります。

⑤故人の携帯電話を解約する

訃報の連絡を故人の交友関係すべてに伝えることは非常に困難です。そのため、人づてに亡くなったことを知った友人や知人が、遺族に連絡を取る手段として、故人の携帯電話に連絡をしてくることが頻繁に起こります。

そのため、故人の携帯電話はしばらく解約せず、ご家族がいつでも連絡を受けられるようにしておきましょう。

⑥遺産の一部を使う（相続放棄する場合）

故人に借金等の負の遺産がある場合でも、相続開始後に相続人が遺産を自分のために少しでも使うと、使った方は相続放棄ができなくなります。

ちなみに、遺産を葬儀費用に充てた場合は、自分のために使ったとは言えないため、相続放棄が認められたという裁判例があります。しかしながら、裁判例は絶対ではありません。相続放棄を考えている場合は、葬儀費用であったとしても遺産を使わないほうが無難です。いずれにしても慎重な判断が必要になります。

図表8　身近な人が亡くなった後の手続の流れ

	葬儀・法要	届出	税金
3か月以内	・関係者への連絡、調整 ・通夜・葬儀・告別式 ・初七日 ・四十九日 ・納骨	・死亡届など ・健康保険の世帯主変更 ・年金関係の手続 ・公共料金等の手続 ・遺言の調査 ・相続人調査 ・相続財産の調査、及び放棄	
4か月以内			・所得税の準確定申告
10か月以内		・遺産分割協議 ・名義変更、解約等	・相続税の申告 ・相続税の延納の申請
1年以内	・一周忌		

ノートに書こう ▶ 112ページ

第 **2** 部

「お金の不安」が消えるノート

第1章　自分や家族について
- 私の基本情報
- 家族や親族の連絡先
- 友人や知人の連絡先

第2章　お金について
- 預貯金（銀行口座）について
- 現在の収入と支出
- 老後生活を健全にするキャッシュフロー表
- 口座引き落とし情報について
- 不動産について
- 有価証券、その他資産について
- 保険について
- 借入金と貸付金について
- クレジットカードについて
- デジタル資産について

第3章　介護や葬儀について
- 私の健康状態
- 介護や看護の希望について
- 告知や終末医療について
- もし認知症になったら
- ペットについて
- 葬儀について
- 葬儀の具体的な希望について
- お墓の希望

第4章　相続や贈与について
- 遺言書や相続について
- 法定相続人と相続割合がわかる家系図
- 生前贈与について
- 遺産分割について

- 大切な人へのメッセージ
- その他気になること
- MEMO

第1章 自分や家族について

私の基本情報

あなたの基本情報を記入してください。ページ右上の記入日を書き、書きやすいところから書き始めましょう。

フリガナ		生年月日	年　月　日
名前			

現住所

本籍地

電話番号

勤務地	名称・所属
	所在地
	連絡先

メモ

記入日	年	月	日
修正日	年	月	日

重要書類

名称	記号・番号等	保管場所
健康保険被保険者証		
後期高齢者医療被保険者証		
介護保険被保険者証		
運転免許証		
年金手帳		
マイナンバーカード		
パスポート		

緊急連絡先

名前	続柄
連絡先	

名前	続柄
連絡先	

名前	続柄
連絡先	

第1章 自分や家族について

第2章 お金について

第3章 介護や葬儀について

第4章 相続や贈与について

家族や親族の連絡先

家族や親族について書き込みましょう。備考欄には、家族との思い出や記念日等を書き込んでおくと、思い出の整理に便利です。

フリガナ 名前	続柄	生年月日　　年　　月　　日
現住所		
電話番号		
メールアドレス		
勤務先／学校		
備考		

フリガナ 名前	続柄	生年月日　　年　　月　　日
現住所		
電話番号		
メールアドレス		
勤務先／学校		
備考		

フリガナ 名前	続柄	生年月日　　年　　月　　日
現住所		
電話番号		
メールアドレス		
勤務先／学校		
備考		

記入日	年	月	日
修正日	年	月	日

第1章 自分や家族について

フリガナ		続柄	生年月日		
名前			年	月	日
現住所					
電話番号					
メールアドレス					
勤務先／学校					
備考					

フリガナ		続柄	生年月日		
名前			年	月	日
現住所					
電話番号					
メールアドレス					
勤務先／学校					
備考					

フリガナ		続柄	生年月日		
名前			年	月	日
現住所					
電話番号					
メールアドレス					
勤務先／学校					
備考					

第2章 お金について

第3章 介護や葬儀について

第4章 相続や贈与について

友人や知人の連絡先

友人や知人の連絡先を記入してください。「どんな間柄で、どんな時に連絡すればいいか」がわかると、家族も安心です。

フリガナ		間柄	
名前			

電話番号
メールアドレス
住所
次の時に連絡してください　☐危篤時　☐死亡時　☐葬儀後　☐その他（　　　　）
備考

フリガナ		間柄	
名前			

電話番号
メールアドレス
住所
次の時に連絡してください　☐危篤時　☐死亡時　☐葬儀後　☐その他（　　　　）
備考

フリガナ		間柄	
名前			

電話番号
メールアドレス
住所
次の時に連絡してください　☐危篤時　☐死亡時　☐葬儀後　☐その他（　　　　）
備考

記入日	年	月	日
修正日	年	月	日

第1章 自分や家族について

フリガナ	間柄
名前	

電話番号
メールアドレス
住所
次の時に連絡してください　□危篤時　□死亡時　□葬儀後　□その他（　　　　）
備考

フリガナ	間柄
名前	

電話番号
メールアドレス
住所
次の時に連絡してください　□危篤時　□死亡時　□葬儀後　□その他（　　　　）
備考

フリガナ	間柄
名前	

電話番号
メールアドレス
住所
次の時に連絡してください　□危篤時　□死亡時　□葬儀後　□その他（　　　　）
備考

第2章 お金について

第3章 介護や葬儀について

第4章 相続や贈与について

預貯金（銀行口座）について

あなたの預貯金口座について記入しましょう。インターネット銀行の情報も忘れずに。右ページのメモ欄には、口座の用途や今後の使い道などを書くのがオススメです。

【注意】悪用される恐れがありますので、ここに暗証番号やパスワードは記載しないでください。

記入例

金融機関	□□銀行	支店名 店番号	本店・000	預貯金の種類	
口座番号	1234567	名義人	相続　一郎	普通	
インターネット銀行 （サイト名、ID など）	□□銀行ネットバンキング ID は 7654321				

金融機関		支店名 店番号		預貯金の種類
口座番号		名義人		
インターネット銀行 （サイト名、ID など）				

金融機関		支店名 店番号		預貯金の種類
口座番号		名義人		
インターネット銀行 （サイト名、ID など）				

記入日	年 月	日
修正日	年 月	日

金融機関	支店名 店番号	預貯金の種類
口座番号	名義人	
インターネット銀行 （サイト名、ID など）		

金融機関	支店名 店番号	預貯金の種類
口座番号	名義人	
インターネット銀行 （サイト名、ID など）		

金融機関	支店名 店番号	預貯金の種類
口座番号	名義人	
インターネット銀行 （サイト名、ID など）		

メモ

第1章 自分や家族について

第2章 お金について

第3章 介護や葬儀について

第4章 相続や贈与について

現在の収入と支出

収入と支出を記入しましょう。私的年金（iDeCo、企業型DCなど）があれば分けて記入しましょう。支出はできるだけ具体的に書き、無駄遣いがあれば、お金の使い方を見直しましょう。

収入について

	金額（月間）	金額（年間）	備考（入金日など）
給与			
ボーナス			
年金① （　　　）			
年金② （　　　）			
年金③ （　　　）			
配当収入			
不動産収入			
副業収入			

	記入日	年	月	日
	修正日	年	月	日

支出について

	金額（月間）	金額（年間）	備考
食費			
家賃（ローン）			
水道光熱費			
家事用品費			
被服費			
診療費			
交通・通信費			

第1章　自分や家族について

第2章　お金について

第3章　介護や葬儀について

第4章　相続や贈与について

老後生活を健全にするキャッシュフロー表

お金の流れを見える化します。まず西暦と年齢を記入し、実際にかかった金額を集計してみましょう。あなたが思い描く理想のライフプランと「収入・支出」のバランスをとりましょう。年間収支が大きなマイナスになるようであれば、支出を見直してください。

	西暦（年）									
年齢	あなた									
	配偶者									
	子供①									
	子供②									
	子供③									
収入	あなた									
	配偶者									
	合計（①）									
支出	生活費									
	入院等大きな支出									
	娯楽その他									
	合計（②）									
年間収支（①－②）										
預貯金残高										
有価証券残高（株式、債券 etc.）										
合計										

記入日		年	月	日
修正日		年	月	日

口座引き落とし情報について

金融機関の口座から自動引き落としされているものを記入しましょう。あなたが亡くなってしまった後、引き落とし口座の変更手続が必要になるので、家族にわかるよう書いてください。

項目	金融機関・支店名	口座番号	引き落とし日
電気料金			
ガス料金			
水道料金			
電話料金			
携帯電話料金			
NHK受信料			
新聞購読料			
クレジットカード① (　　　　　)			
クレジットカード② (　　　　　)			
クレジットカード③ (　　　　　)			
保険料① (　　　　　)			
保険料② (　　　　　)			
保険料③ (　　　　　)			

	記入日	年	月	日
	修正日	年	月	日

項目	金融機関・支店名	口座番号	引き落とし日
サブスクサービス① （　　　　　　）			
サブスクサービス② （　　　　　　）			
サブスクサービス③ （　　　　　　）			
会費① （　　　　　　）			
会費② （　　　　　　）			

メモ

第1章　自分や家族について

第2章　**お金について**

第3章　介護や葬儀について

第4章　相続や贈与について

不動産について

所有する不動産を記入しましょう。一戸建ての場合は、土地と建物を別々に記入してください。相続に備え、不動産の購入額も必ず書いておきましょう。

形態	☐ 土地　☐ 建物　☐ マンション・アパート　☐ 田畑　☐ その他（　　　　）		
概要			
名義人		持ち分	
所在地			
用途		面積	m²
不動産の購入額			
固定資産税の評価額		抵当権　☐ 設定あり　☐ 設定なし	
備考			

形態	☐ 土地　☐ 建物　☐ マンション・アパート　☐ 田畑　☐ その他（　　　　）		
概要			
名義人		持ち分	
所在地			
用途		面積	m²
不動産の購入額			
固定資産税の評価額		抵当権　☐ 設定あり　☐ 設定なし	
備考			

記入日		年	月	日
修正日		年	月	日

形態	☐ 土地　☐ 建物　☐ マンション・アパート　☐ 田畑　☐ その他（　　　　）		
概要			
名義人		持ち分	
所在地			
用途		面積	m²
不動産の購入額			
固定資産税の評価額		抵当権	☐ 設定あり　☐ 設定なし
備考			

形態	☐ 土地　☐ 建物　☐ マンション・アパート　☐ 田畑　☐ その他（　　　　）		
概要			
名義人		持ち分	
所在地			
用途		面積	m²
不動産の購入額			
固定資産税の評価額		抵当権	☐ 設定あり　☐ 設定なし
備考			

メモ

第1章　自分や家族について

第2章　お金について

第3章　介護や葬儀について

第4章　相続や贈与について

有価証券、その他資産について

証券口座と実物資産の情報を記入しましょう。値動きの激しい銘柄は、よい時期に利益確定し、値動きの少ない安全資産にしておくのがオススメです。

記入例

金融機関	相続証券	支店名	円満支店
口座番号	7654321	名義人	相続　一郎
保有銘柄等	日本株300万　米国株200万　投資信託100万		
備考			

金融機関		支店名	
口座番号		名義人	
保有銘柄等			
備考			

金融機関		支店名	
口座番号		名義人	
保有銘柄等			
備考			

金融機関		支店名	
口座番号		名義人	
保有銘柄等			
備考			

金融機関		支店名	
口座番号		名義人	
保有銘柄等			
備考			

記入日	年	月	日
修正日	年	月	日

実物資産

品目・ブランド名	購入時価格
備考	

品目・ブランド名	購入時価格
備考	

品目・ブランド名	購入時価格
備考	

品目・ブランド名	購入時価格
備考	

その他資産

保険について

加入している生命保険や損害保険について記入してください。
「もしも」の時、家族が迷わず請求できるようにするためです。

保険の種類や商品名	
保険会社名	担当者
	連絡先
証券番号	証券保管場所
契約者	被保険者
	保険金受取人
保険期間	保険料
その他特記事項	

保険の種類や商品名	
保険会社名	担当者
	連絡先
証券番号	証券保管場所
契約者	被保険者
	保険金受取人
保険期間	保険料
その他特記事項	

記入日	年	月	日
修正日	年	月	日

保険の種類や商品名		
保険会社名	担当者	
	連絡先	
証券番号	証券保管場所	
契約者	被保険者	
	保険金受取人	
保険期間	保険料	
その他特記事項		

保険の種類や商品名		
保険会社名	担当者	
	連絡先	
証券番号	証券保管場所	
契約者	被保険者	
	保険金受取人	
保険期間	保険料	
その他特記事項		

メモ

第1章 自分や家族について

第2章 お金について

第3章 介護や葬儀について

第4章 相続や贈与について

借入金と貸付金について

借入金やローン、保証債務（連帯保証人etc.）を記入してください。貸付金や貸金庫についても忘れずに。

借入金等の状況について

※借金等がない場合は、「20XX年X月時点において、私に借金などの負の遺産は一切ありません」と直筆で書きましょう。トラブル防止に効果的です。もしある場合は、下記に記入してください

借入金やローン

借入先			連絡先	
借入日	年 月	日	借入額	
借入残額			完済予定日	
担保	無・有（	）	借入目的	
備考				

借入先			連絡先	
借入日	年 月	日	借入額	
借入残額			完済予定日	
担保	無・有（	）	借入目的	
備考				

記入日	年	月	日
修正日	年	月	日

保証債務（借金の保証人など）

保証人になった日	年　　月　　日	保証した金額	
主債務者 （あなたが保証した人）		連絡先	
債権者 （主債務者がお金を借りている人）		連絡先	
備考			

貸付金

貸した相手の名前		連絡先	
貸した日		貸した金額	
借用書　　無・有（保管場所　　　　　　　　　　　　　　　　　　　　　　　）			
返済　　残債　　　　　　　　　　円		備考	

貸金庫、トランクルームなど

場所	契約会社	連絡先	保管物	備考

クレジットカードについて

あまり使っていないクレジットカードも忘れず記入してください。不正利用の恐れがありますので、有効期限や暗証番号は書かないでください。マイルは相続できる場合があるので、事前にカード会社の規約を確認し、家族に伝えておきましょう。

記入例

カード名称	ブランド	カード番号
ダイヤカード	VISA	1234-5678-9012-3456
紛失時の連絡先	Web用ID	備考
03-1234-5678	aaabbb	年会費1000円、生活費支払い用

カード名称	ブランド	カード番号
紛失時の連絡先	Web用ID	備考

カード名称	ブランド	カード番号
紛失時の連絡先	Web用ID	備考

カード名称	ブランド	カード番号
紛失時の連絡先	Web用ID	備考

カード名称	ブランド	カード番号
紛失時の連絡先	Web用ID	備考

記入日	年	月	日
修正日	年	月	日

カード名称	ブランド	カード番号
紛失時の連絡先	Web用ID	備考

カード名称	ブランド	カード番号
紛失時の連絡先	Web用ID	備考

電子マネー、ポイントカード

カード名	カード番号等	紛失時の連絡先

メモ

デジタル資産について

デジタル資産とは、携帯電話などの機器やWeb上に残されたデータを指します。遺された家族が困らないよう、取り扱いについて記入しましょう。

携帯電話やスマホについて

契約会社		名義人	
電話番号			
メールアドレス			
「もしも」の時の希望	☐ 内容を見ないで処分してほしい ☐ 内容を消去して処分してほしい ☐ 家族に任せる ☐ その他（　　　　　　　　　　　　　　　）		
処分時の連絡先			
備考			

パソコンについて

メーカー・型番	
ユーザー名など	
「もしも」の時の希望	☐ 内容を見ないで処分してほしい ☐ 内容を消去して処分してほしい ☐ 家族に任せる ☐ その他（　　　　　　　　　　　　　　　）
サポートの連絡先	
備考	

記入日		年		月	日
修正日		年		月	日

ホームページや SNS について

種類	☐ホームページ　☐SNS　☐その他（　　　　　　　　　　）
名称	
URL	
ID など	
「もしも」の時の希望	☐訃報を伝えてほしい ☐閉鎖してほしい ☐その他（　　　　　　　　　　　　　　　　　　　　）

種類	☐ホームページ　☐SNS　☐その他（　　　　　　　　　　）
名称	
URL	
ID など	
「もしも」の時の希望	☐訃報を伝えてほしい ☐閉鎖してほしい ☐その他（　　　　　　　　　　　　　　　　　　　　）

その他（ハードディスク etc.）について

種類	
保管場所	
「もしも」の時の希望	☐内容を見ないで処分してほしい ☐内容を消去して処分してほしい ☐家族に任せる ☐その他（　　　　　　　　　　　　　　　　　　　　）

第3章 介護や葬儀について

私の健康状態

アレルギーの有無や過去にかかったことのある病気、現在治療中の病気に関する情報をまとめましょう。急病の治療などに役立ちます。

身長	cm	体重	kg
血液型	型	アレルギー ☐ 有（　　　　　　　　　　） ☐ 無	

最近受けた健康診断

実施日	年　　　月　　　日
診断表の保管場所	

持病や常用している薬

症状・病名	薬名	薬の保管場所

	記入日	年	月	日
	修正日	年	月	日

かかりつけ医院（治療中の病気）

病院名	主治医・連絡先	通院目的・経過

過去にかかったことのある病気

病名・症状	治療期間	病院名

その他健康上の注意点

介護や看護の希望について

介護が必要になった時に備えて、あなたの希望や方針について記入してください。介護する人が困らないよう、「介護者への希望」も書いておきましょう。

介護の基本方針

- ☐ 自宅で介護されたい　☐ 施設で介護されたい　☐ 家族に任せる
- ☐ その他（　　　　　　　　　　　　　　　　　　　　　　　　　）

自宅での介護について

- ☐ 家族にお願いしたい
- ☐ プロのヘルパーや介護サービスを利用したい
    - 名前・名称
    - 事業所名
    - 住所
    - 連絡先

施設での介護について

希望する 施設の種類	☐ 介護付き有料老人ホーム　☐ サービス付き高齢者向け住宅　☐ グループホーム ☐ 特別養護老人ホーム　☐ その他（　　　　　　　　　　　　　　）
希望する 施設の詳細	施設名 住所 担当者 連絡先

介護のための費用

- ☐ 預貯金から　　口座情報：
- ☐ 保険に加入済み（　　　　　　　　　　　　　　　　　　　　　　　　　）
- ☐ 特に用意していない

記入日	年	月	日
修正日	年	月	日

介護者への希望

食べ物について	
アレルギーがあって食べられない食材	
苦手な食材	
好きなメニュー	
好きなおやつ	
食べ物へのこだわり	
その他	

服装について ※服装の好みについて記入しましょう。

趣味について	
好きなスポーツやスポーツ選手	
好きな歌や歌手	
好きなテレビ番組や芸能人	
その他	

環境について

☐ 静かな環境がいい　　☐ にぎやかな環境がいい　　☐ 部屋は明るいほうがいい
☐ 部屋は暗いほうがいい　　☐ その他（　　　　　　　　　　　　　　　）

その他のこと	
呼び方	
してほしくないこと	
その他	

第1章　自分や家族について

第2章　お金について

第3章　介護や葬儀について

第4章　相続や贈与について

告知や終末医療について

告知や終末医療の判断は、家族にとって難しく、つらい選択です。遺される家族の負担が軽くなるよう、あなたの希望や想いを記入しておきましょう。

誰かが判断しなくてはいけない時

私の意識がなく、誰かが判断しなくてはいけない時は、
「　　　　　　　　　　　　　　　　　」 の意見を尊重してください。

※連絡先（　　　　　　　　　　　　　　　　　　　　）

病名と余命の告知

☐ 病名も余命も告知してほしい
☐ 病名のみ告知してほしい
☐ 余命が　　　　　か月以上なら、病名・余命とも告知してほしい
☐ 告知はしないでほしい
☐ その他（　　　　　　　　　　　　　　　　　　　　　　　　）

介護される場所の希望

☐ 自宅を希望する　　☐ 病院を希望する　　☐ 家族に任せる
☐ ホスピス
　　施設名
　　所在地
　　連絡先
☐ その他（　　　　　　　　　　　　　　　　　　　　　　　　）

記入日		年	月	日
修正日		年	月	日

回復の見込みがない場合

☐ 回復が難しくても、人工呼吸器等で延命治療をしてほしい
☐ 延命よりも苦痛を緩和する治療をしてほしい
☐ 延命処置はしないでほしい
☐ その他（　　　　　　　　　　　　　　　　　　　　　　　）

臓器提供や献体について

☐ 臓器提供のためのドナーカードを持っている（保管場所　　　　　　　　　　　）
☐ 献体の登録をしている（登録団体　　　　　　　　　　　　　　　　　　　　　）
☐ 臓器提供や献体はしたくない
☐ 家族に任せる

私の思い

もし認知症になったら

認知症になった時に備え、財産管理やその後の生活についての希望を記入しましょう。成年後見制度や家族信託の検討も進めてみてください。

財産管理について

- ☐ 任意後見契約を締結している
- ☐ 家族に任せる（任せたい家族の名前：　　　　　　　　　　　　）
- ☐ 法定後見制度の利用を希望する
- ☐ 家族信託契約を結んでいる
- ☐ その他（　　　　　　　　　　　　　　　　　　　　　　　　）

財産管理をお願いする人（後見人等）

名前	
間柄	☐ 任意後見人　☐ 成年後見人の候補者　☐ 家族信託の受託者 ☐ 判断を任せる家族
住所	
連絡先	
備考	

記入日	年	月	日
修正日	年	月	日

財産管理をお願いするタイミング

- □ 入院や入所の手続が必要になった時
- □ 不動産の管理や処分が必要な時
- □ 預貯金の管理が必要になった時
- □ 介護保険を利用する時
- □ 相続手続が必要になった時
- □ 訴訟手続が必要になった時
- □ その他（　　　　　　　　　　　　　　　　　　　）

認知症になってからの生活

- □ 認知症になっても、できるだけ自分の希望を聞いてほしい
- □ 家族に迷惑をかけたくないので、すべて任せる
- □ その他希望（　　　　　　　　　　　　　　　　　　　）

家族へのメッセージ

ペットについて

ペットの基本情報を記入しましょう。自分の死後に引き取ってくれる人がいれば、右ページのフリースペースにその人の連絡先もしっかり記入しておきましょう。

名前		生年月日	年　　月　　日
性別	□オス　□メス	ペットの種類	
血統書		登録番号	
いつも食べているご飯		好き嫌い等（	）
持病など		避妊・去勢手術の有無	
接種済みの予防接種ワクチンなど			

名前		生年月日	年　　月　　日
性別	□オス　□メス	ペットの種類	
血統書		登録番号	
いつも食べているご飯		好き嫌い等（	）
持病など		避妊・去勢手術の有無	
接種済みの予防接種ワクチンなど			

かかりつけの動物病院

病院名	連絡先	備考

加入済みのペット保険

保険会社	連絡先	保険内容

記入日	年	月	日
修正日	年	月	日

その他、ペットについて伝えておきたいこと

葬儀について

葬儀の形式（宗旨・宗派）などについて記入しましょう。具体的に考えられない方は、書けるところから書いてください。

葬儀の実施について

☐ 葬儀をしてほしい
☐ 葬儀をしてほしくない
　理由
　（　　　　　　　　　　　　　　　　　　　　　　　　　　　　　　　　）
☐ 家族に任せる

葬儀の形式について

☐ 仏教　　☐ 神道　　☐ キリスト教　　☐ 家族に任せる
☐ その他（　　　　　　　　　　　　　　　　　　　　　　　　　　　　）
【特定の寺社・教会、宗派を希望する場合】
名称
住所
連絡先

葬儀の業者について

☐ 特に考えていないので、家族に任せる
☐ 生前予約をしている（業者名　　　　　　　　　　連絡先　　　　　　　）
☐ 予約はしていないが、希望はある
　（業者名　　　　　　　　　　　　連絡先　　　　　　　　　　　　　　）
☐ その他（　　　　　　　　　　　　　　　　　　　　　　　　　　　　）

記入日		年	月	日
修正日		年	月	日

葬儀の流れについて

☐ お通夜　⇒　葬儀・告別式　⇒　火葬
☐ 家族で密葬　⇒　火葬　⇒　お別れ会
☐ 火葬のみ
☐ その他（　　　　　　　　　　　　　　　　　　　　　　　　　　）

葬儀の費用と金額について

☐ 特に用意していない
☐ 預金をあててほしい（口座情報：　　　　　　　　　　　　　　　）
☐ 保険で用意している（　　　　　　　　　　　　　　　　　　　　）

【葬儀の金額について】
☐ 特に考えていない
☐ 合計で＿＿＿＿＿万円ぐらい
☐ 家族に任せる

メモ

葬儀の具体的な希望について

喪主、戒名、遺影等、葬儀の具体的な希望を記入してください。事前に家族に伝え、すり合わせをしてもいいかもしれません。

喪主になってほしい人

名前	間柄
連絡先	

挨拶をお願いしたい人

☐ 特にいない
☐ お願いしたい人がいる（名前　　　　　　　　連絡先　　　　　　　　　　）

遺影について

☐ 決めている（保管場所　　　　　　　　　　　　　　　　　　　　　　　）
☐ 家族に任せる

※もし使ってほしい写真が手元にあるなら、巻末の収納ポケットに入れましょう。

戒名について

☐ 戒名はつけてほしいが、お金はかけなくていい
☐ お金はかかっても、いい戒名をつけてほしい
☐ 戒名はいらない
☐ すでに戒名を授かっている

　　戒名：

　　授かったお寺：

記入日	年	月	日
修正日	年	月	日

香典・供花

☐ いただく　　☐ 辞退する　　☐ 家族に任せる

葬儀参列者へのメッセージ

☐ 作成したメッセージを読み上げてほしい
　（保管場所　　　　　　　　　　　　　　　　　　　　　　　　　　）
☐ 喪主（家族）に任せる

葬儀参加者について

☐ 家族に任せる
☐ 必ず呼んでほしい人
　（名前　　　　　　　　　　　　　　　　　　　　　　　　　　　　）
☐ 呼んでほしくない人
　（名前　　　　　　　　　　　　　　　　　　　　　　　　　　　　）

棺に入れてほしいもの

☐ 特に考えていない
☐ 入れてほしいものがある（保管場所　　　　　　　　　　　　　　　）

その他希望

お墓の希望

お墓の有無含め、埋葬の希望について記入してください。具体的に考えられない方は、書けるところから書いてください。

お墓の有無について

- □ 持っていない
- □ これから持つ予定（　　　　年　　　　月）
- □ 自分のお墓を持っている
- □ 入るお墓は決まっている

現在のお墓の状況

お墓の種類	
所在地	
連絡先	
契約者	
備考	

お墓の維持、または処分

希望	□ お墓を承継してほしい　　□ お墓じまいをしてほしい
希望する承継者	名前　　　　　　　　　　　　　連絡先（　　　　　　　　　　　） 住所
お墓じまいをする場合	墓地の遺骨の処理方法 　□ 新しい墓地へ埋葬　　□ 共同墓への合祀　　□ 散骨 処分先（改葬先）の名称： 所在地： 連絡先：
備考	

記入日	年	月	日
修正日	年	月	日

お墓を希望しない場合

☐ 合祀で永代供養にしてほしい
　合祀の名称：
　所在地：
　連絡先：

☐ 散骨してほしい
　希望の場所：

☐ 手元供養してほしい
　希望の方法：

備考

遺骨の処理をお願いしたい人

名前	続柄・間柄
住所	
連絡先	

お墓に関する費用について

☐ 特に用意していない
☐ 預金をあててほしい（口座情報　　　　　　　　　　　　　　　　　）
☐ 保険で用意している（　　　　　　　　　　　　　　　　　　　　　）
☐ その他（　　　　　　　　　　　　　　　　　　　　　　　　　　　）

第4章 相続や贈与について

遺言書や相続について

遺言書の有無がわからないと、遺された家族は大変な思いをします。必ず記入しましょう。相続に関する希望は、右ページのフリースペースに書いてください。

遺言書について

□ 遺言書を作成していない
□ 遺言書を作成している
　　□ 自筆証書遺言　　□ 公正証書遺言
　　遺言書の作成日　　　　　年　　　　月　　　　日
　　遺言書の保管場所：
　　遺言書の保管場所は_____が知っている
　　※誰かに遺言書を託している場合は、上記に記入してください

遺言執行者

名前
続柄・間柄
住所
連絡先

相談している専門家（弁護士、税理士等）

事務所名
名前
住所
連絡先

記入日	年	月	日
修正日	年	月	日

相続に関する希望

法定相続人と相続割合がわかる家系図

家族や親族を空欄に書き込みましょう。法定相続人や相続割合がひと目でわかります。
書き切れない場合は、余白に書き足してください。

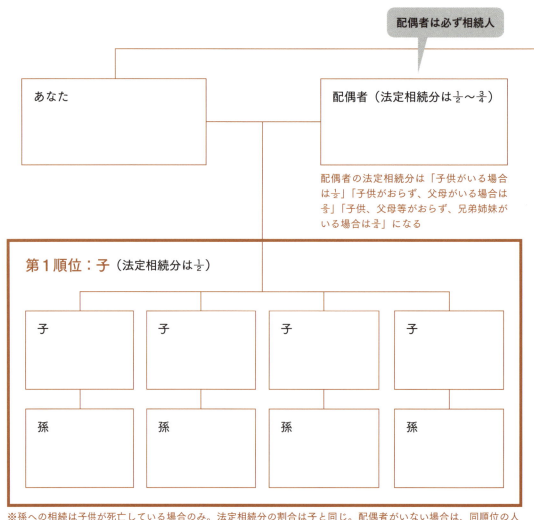

配偶者は必ず相続人

あなた

配偶者（法定相続分は $\frac{1}{2}$〜$\frac{3}{4}$）

配偶者の法定相続分は「子供がいる場合は $\frac{1}{2}$」「子供がおらず、父母がいる場合は $\frac{2}{3}$」「子供、父母等がおらず、兄弟姉妹がいる場合は $\frac{3}{4}$」になる

第1順位：子（法定相続分は $\frac{1}{2}$）

子　子　子　子

孫　孫　孫　孫

※孫への相続は子供が死亡している場合のみ。法定相続分の割合は子と同じ。配偶者がいない場合は、同順位の人だけで相続する

記入日	年	月	日
修正日	年	月	日

第2順位：父母（法定相続分は $\frac{1}{3}$）

父	母

※親が死亡している場合は、祖父母が相続人になる

第3順位：兄弟姉妹（法定相続分は $\frac{1}{4}$）

兄弟姉妹	兄弟姉妹	兄弟姉妹

※兄弟姉妹が死亡している場合は、その子供（甥、姪）が相続人になる

生前贈与について

生前贈与について記入しましょう。贈与相手、贈与日、贈与額は必ず記入しましょう。相続人同士でトラブルになりそうなことがあれば、事前に伝えておくことをオススメします。

記入例

贈与相手	贈与日	贈与額	贈与税申告
相続花子	2024年10月1日	110万円	済　未　(不要)

贈与相手	贈与日	贈与額	贈与税申告
			済　未　不要
			済　未　不要
			済　未　不要
			済　未　不要
			済　未　不要
			済　未　不要
			済　未　不要
			済　未　不要
			済　未　不要
			済　未　不要
			済　未　不要
			済　未　不要

	記入日	年	月	日
	修正日	年	月	日

贈与相手	贈与日	贈与額	贈与税申告
			済　未　不要
			済　未　不要
			済　未　不要
			済　未　不要
			済　未　不要
			済　未　不要
			済　未　不要

家族に伝えたいこと

第1章　自分や家族について

第2章　お金について

第3章　介護や葬儀について

第4章　相続や贈与について

遺産分割について

遺産分割について、あなたの希望を書き込み、遺された家族に伝えましょう。ただし遺言書とは違い、法的な効力はありませんので、遺言書は別途作成しましょう。

遺産分割の希望

相続させたいもの	相続させたい人	備考（割合など）

記入日	年	月	日
修正日	年	月	日

特別な遺産（遺品）について

遺産（遺品）の種類や名称	相続してほしい人	備考

寄付について

品物・金額	保管場所	寄付先	連絡先

※財産（遺産）の寄付について詳しく知りたい方は、拙著『ぶっちゃけ相続「手続大全」』をご参照ください

大切な人へのメッセージ

家族や親族、友人など、遺される人たちへ「ありがとう」の気持ちを伝えましょう。上手に書こうとする必要はありません。ありのままの気持ちを込めたメッセージは、大切な人たちの心に深く刻まれるはずです。

_____ さんへ

_____ さんへ

記入日	年	月	日
修正日	年	月	日

_____ さんへ

_____ さんへ

_____ さんへ

その他気になること

これまでノートに書き切れなかったことを記入しましょう。仕事に関することや加入しているボランティア団体のことなどを書くのもオススメです。

記入日	年	月	日
修正日	年	月	日

MEMO

記入日	年	月	日
修正日	年	月	日

おわりに

あなたが家族の心の中で美しく生き続けるために

　私は日々、多くの方から相続のご相談を受けています。その中で特に多い相談の一つが、「親に終活や相続対策を始めてもらいたいと思っているが、子から親に向かって、相続の話は切り出しにくい」というものです。そのような想いを抱くお子様たちは、決してあなたの遺産を狙っているのではなく、あなたに少しでも長く元気に暮らしてほしいと思っています。ただ、相続がきっかけで家族仲が悪くなってしまったり、経済的な負担がのしかかってしまったりすることを心配しているだけなのです。

　何も準備をしないまま相続が発生した場合、遺された家族は、「父が生きていれば、これを望んだはずだ」と、故人の想いを推測しあい、対立してしまうことがよくあります。

　私は、人が死んでしまった後も、その人の魂は、遺された家族の心の中で生き続けると思っています。

　きちんと終活をしていた方であれば、「最後まで立派で家族想いな人だった」と、尊敬と親しみの念を抱かれ続けるでしょう。

　このエンディングノートを書き進めていただいたあなたは、既に終活や相続に対する正しい知識を習得し、ご自身の気持ちや財産の整理もできています。どこまでのことを話すかはあなた次第ですが、今のあなたの気持ちを家族に伝えるタイミングとしては、最高の時機なのかもしれません。

　残念ながら、遺言書と異なり、エンディングノートには法的な効力はありません。しかしながら、あなたの想いを後世に伝える力や、家族の相続手続の負担を和らげる力は、遺言書と同じか、それ以上に強くあります。

　エンディングノートは死のために書くのではなく、死を見つめることで、日々の生をあざやかにするために書くものです。人生の引き際を美しくすることで、あなたの人生そのものが、とても美しい物語になるはずです。

　このノートが、あなたの毎日から不安を少しでも取り払い、穏やかで嬉々とした暮らしの一助になることを願いまして、結びとさせていただきます。

　最後までお読みいただき、本当にありがとうございました。

2024年11月

橘慶太

[著者]
橘 慶太（たちばな・けいた）

税理士。円満相続税理士法人代表

中学・高校とバンド活動に明け暮れ、大学受験の失敗から一念発起し税理士を志す。大学在学中に税理士試験に4科目合格（「資格の大原」主催の法人税法の公開模試では全国1位）。大学卒業前から国内最大手の税理士法人山田＆パートナーズに正社員として入社する。

税理士法人山田＆パートナーズでは相続専門の部署で6年間、相続税に専念。これまで手がけた相続税申告は、上場企業の創業家や芸能人を含め、通算500件以上。相続税の相談実績は5000人を超える。また、全国の銀行や証券会社を中心に通算500回以上の相続税セミナーの講師を務める。

2017年1月に独立開業。現在、東京・大阪・名古屋・大宮の4拠点で相続専門税理士が多数在籍する円満相続税理士法人の代表を務める。「最高の相続税対策は、円満な家族関係を構築すること」をモットーに、依頼者に徹底的に寄り添い、円満相続実現のために日々尽力する。日本経済新聞や朝日新聞、THE TIME,（TBS系）など、さまざまなメディアから取材を受けている。

限られた人にしか伝えることができないセミナーよりも、より多くの人に相続の知識を広めたいという想いから、2018年にYouTubeを始める。自身が運営する【円満相続ちゃんねる】は、わかりやすさを追求しつつも、伝えるべき相続の勘所をあますところなく伝えていると評判になり、チャンネル登録者は12万人を超える。

ぶっちゃけ相続　お金の不安が消えるエンディングノート

2024年11月26日　第1刷発行

著　者────橘慶太
発行所────ダイヤモンド社
　　　　　　〒150-8409　東京都渋谷区神宮前6-12-17
　　　　　　https://www.diamond.co.jp/
　　　　　　電話／03・5778・7233（編集）　03・5778・7240（販売）
装丁────三森健太（JUNGLE）
本文デザイン・DTP──岸和泉
装画・本文イラスト──伊藤ハムスター
校正────加藤義廣（小柳商店）、円水社
製作進行───ダイヤモンド・グラフィック社
印刷────勇進印刷
製本────ブックアート
編集担当───中村明博

©2024 Keita Tachibana
ISBN 978-4-478-12029-3

落丁・乱丁本はお手数ですが小社営業局宛にお送りください。送料小社負担にてお取替えいたします。但し、古書店で購入されたものについてはお取替えできません。
無断転載・複製を禁ず
Printed in Japan

本書の感想募集
感想を投稿いただいた方には、抽選でダイヤモンド社のベストセラー書籍をプレゼント致します。▶

メルマガ無料登録
書籍をもっと楽しむための新刊・ウェブ記事・イベント・プレゼント情報をいち早くお届けします。▶

シリーズ累計 20万人を救った相続本!

「相続の基本」から「税務調査の裏側」まで徹底解説

相続にまつわる法律や税金の基礎知識から、相続争いの裁判例や税務調査のポイントまでわかる本

- ✓ 相続税は高くない? 実際に計算!
- ✓ 生前贈与は「孫」がオススメ
- ✓ 贈与税の「3つの特例」で賢く節税!
- ✓ 専業主婦を襲う悲劇とは?
- ✓ 税務署が嫌悪する「相続税対策」

『ぶっちゃけ相続【増補改訂版】』
定価(本体1600円+税)

身近な人が亡くなった時の相続手続を知りたい人へ

身近な人を亡くした後、残された家族に待つ膨大な相続手続の全体像と効率的な進め方がわかる本

- ✓ 臨終から葬儀までの流れを徹底解説
- ✓ 死亡診断書のコピーは5部以上取る
- ✓ 会社員が亡くなったときの保険手続
- ✓ 連絡がつかない相続人がいたら?
- ✓ 凍結された銀行口座の解除方法

『ぶっちゃけ相続「手続大全」』
定価(本体1500円+税)